Catcher

一如《麥田捕手》的主角，
我們站在危險的崖邊，
抓住每一個跑向懸崖的孩子。
Catcher，是對孩子的一生守護。

做孩子心中的小太陽

王理書｜著

【自序】純淨故事，回報給女性大海

展與我的相遇在一所盡是青春痘與汗臭的和尚高中。他是學生，我是老師。後來我們相戀，經歷許多變化，克服種種困難而結婚。

我曾經這樣對兒子說：「你能夠來到這地球，成為一個活著的男孩，而不是在天上飛的靈魂，要感謝好多好多人。最重要的就是，你的爸爸媽媽，聽從心裡真實的聲音，勇敢地結婚了。這個世界才有你喔！」從孩子會走路以後，每當夫妻倆擁抱，孩子就會擠到中間蹲著，他說：「這裡是我的家。」因為珍惜相處，為了多要點時間給彼此，我們都選擇了自由的蘇活族。

生活很平凡，工作與居家，卻在平凡中的細膩互動裡，有些特別的味道。這些味道成了這本書，都是增添生活豐盛的佐料。

展是個診所執業心理師，而我則是親職講師，說故事人……以帶領工作坊為生。我們倆，都熱衷於內心世界的探索……無論是婚姻中的爭執或陪孩子長大，裡頭的人際互動，都有無數的趣味。

教了八年的親職教育，我才成為真正的母親，所有教過的理論與練習，在與孩子活生生對招下，磨練出更多細膩的真功夫，也才品味出這口號：「當父母成為一種修行」背後的酸甜苦辣。

這本書收集的，正是我四年來記錄下來的親子互動點滴。

在我們家，親子互動的方式是特別的。因為夫妻同是心理背景出身，我們特別給予孩子一個寬容的空間展現他的情緒、欲望與孩子氣的非邏輯想法……對我而言，這些腦袋會覺得不耐煩的孩子能量，在好奇與信任的等待下，讓情緒能量與理性和現實連結，是他們日後能展現創意內在的重要訓練。

我們家的孩子不會被制止哭泣，卻會在哭泣的時候與父母保持各種聯繫；或是用數顏色的方式，打開感官與世界再次接觸。我們家的孩子，在說話時能得到專注的聆聽，透過語言再次聽見他們說的，他有信心自己是被聽懂的。

這兩個孩子，意識清醒而溝通信心十足。雖然我們不常說教，但遇到孩子第一次犯錯時，我可是會很專心地與之對話，或說個故事來講道理。

例如：兒子不肯跟阿祖打招呼時，我會教他：「先有阿祖、才有你；沒有阿祖就沒有阿公，也不會有爸爸也不會有你，然後有你。雖然因為阿祖嚴肅你感覺不到他的溫柔，但你要學會相信他，並練習敞開你的心。」

孩子會聽見爸爸說起好多小時候與嚴肅的阿祖互動的故事。我則會說起小時候我的害羞以及遇到客人不敢開口的事情。我們家孩子，行為上的調整得花比較長的時間等待，但在信念上，他們記得我說過的人生理念。

再舉一個例子：

女兒是個哭聲很大的孩子，但她的哭聲像熱帶的午後陣雨，來得快也去得快，而她也是個笑聲驚人笑臉迷人的女生。很有趣的，女兒的哭在我這兒是單純的事，但在阿嬷家，陪伴的外勞喊出一個口號：「哭哭……麻……煩」（說時強調三聲的轉折音）女兒聽得見這樣的聲音，會因此而停止哭泣。

我好奇女兒是否壓抑或放棄自己的能量，正準備找婆婆聊時，兩歲的女兒自己跟我說了：「媽媽，May阿姨說，哭哭……麻煩。」

我跟她說：「哭哭，May阿姨麻煩……媽媽，不麻煩。」我花了時間，仔細讓女兒聽見自己的聲音，讓她明白，在媽媽這裡，哭哭不麻煩。於是女兒笑逐顏開，在互動中，還跟我說：「哭哭，我也不麻煩，因為我會照顧自己。」

很久以後，在那次的兩個月內，女兒經常想起來，跟我說：「哭哭，媽媽不麻煩……May阿姨麻煩……」

我會陪著說：「對啊，每個人都可以不一樣。」

女兒並沒有因此而增加哭泣的次數，但我卻發現，她可以縮短哭泣的時間。

這些陪孩子的點滴，讓我一次次回到女性的大海，那是溫柔而堅定，寬容而歡慶的能量。好高興，能有這機會，把如此平凡的真實故事匯聚，當成一份禮，回報給女性的大海。

在此，我要謝謝我的母親，是她讓我感受到身為女性的力道與幸福。也要感謝我的婆婆，是她對孫子無怨無悔的愛，讓我可以擁有兩份生命：母親與職業婦女。還要感謝我的妹妹，是她在生活庶務的能力，帶領我蛻變成為歐巴桑。最後還有我的小妹，她在自我道路的摸索和堅持，讓我隨時不忘，單純身為女人的夢想與美好。最後，要感謝寶瓶的亞君，慧眼與慧心，讓我寫的小故事，能大大地被出版開來。

而那與我一起受苦歡笑，許諾要給我幸福，讓我有勇氣下海當母親，我親愛的老公，大恩就不言謝了。

故事裡的四個主要角色：

樹：老大，男，二〇〇二年出生。

旦：老二，女，二〇〇六年出生。

我：本名理書，靈性名字Mali，他們的媽。

展：我的老公，孩子們的爸。

附註：

1.我的親職教養，理念與實務解說，有三民出版《養出有力量的孩子》作註解，在此留下的，是沒有理論的純淨故事。

2.這本書的編排，拿掉時間的次序，閱讀時請放掉邏輯，敞開心，在故事裡也打開自己的故事吧！

【開場】

這本書寫的是我們的親子生活。

很珍貴喔！
因為這些是，流過了就無法再記得的生活細節。
像流水，被我的心記錄下來，化為文字，手捧著，請你享用。

我們家像個幸福的淨土，
有著所有人間的煩憂或爭吵，卻有著一雙珍惜的眼睛，
帶著眷戀，寫成了純淨的故事。

這眷戀的源頭，是這樣來的。

很久很久以前，有個十八歲的高中男孩，對著他二十八歲的女老師說：「我想要給你幸福。」

正準備要結婚的女老師心裡想，我知道你喜歡我，可是你怎麼可能給我幸福？

十年後，他們倆結婚。

這婚姻背後有漫長的等待與奮鬥。

讓男孩最後，面對社會揭露這段祕密情事的動力是：

我說：「我好想生小孩。」

男孩說：「那我來想辦法……也許該讓我父母知道了！」

一年後，他們有了第一個孩子，取名為樹。

四年後，他們有了第二個女兒，取名為昕，暱稱「旦旦」。

那個女老師就是我，書中的第一人稱書寫者。

那個男孩，就是我的老公，書中以展或展爸稱之。

給讀者，結婚生子後的故事。
因為太珍惜這段緣分了，所以即使生活裡很平凡的小事也透著光。
這些是，透著光的平凡故事。

做孩子心中的小太陽

目錄

神奇與療癒

苦澀與領悟

月亮與太陽

平凡與神聖

柔軟與力量

神奇與療癒

神奇與療癒說的是美好神奇，以及療癒的故事。
許多療癒裡充滿了神奇與美感。

我跑最慢

你覺得自己跑最慢，那種感覺是什麼？
是傷心、生氣、挫折，還是失望？

黃昏的野地，在畫好線的排球場上，展帶著樹和一群朋友的孩子玩著鬼抓人的遊戲。忽然，樹不玩了，落到外頭，站著大哭，眼淚連珠落。他說：「他們兩個人一起來抓我，我都不知道要怎麼跑了。」

天色黑了，我抱著旦在旁邊等他們父子一起回家好久了，於是我說：「樹，媽媽猜你累了想睡，我們回家吧！」

他哭著跟我走，在上車前他說：「這些小孩裡面，我是跑最慢的。」

他的哭從挫折轉為傷心，上車後我一手抱旦旦，他躺在我的一隻大腿上，他說：「我以後再也不要玩這種遊戲了。」

我提醒他：「**傷心的時候不做重要決定**，這些事等你睡飽了力氣有了再說。」

車沿著山路前行，路邊的樹影都暗了，旦很安靜，樹斷續哭泣。我摸摸樹的耳朵：「媽媽跟你講一個祕密喔，所有的傷心都會過去。」男孩就睡著了。

車子到家，樹像攀住浮木一樣扒著我：「我要被抱抱，我要被抱抱。」我覺察到，這孩子竟然有驚恐的能量。在房間，我將他放下，他眼睛張開了。我說：「你在這裡睡。」他說：「我只要媽媽。」

接著我們倆都很安靜，良久，我將雙手放在他的後背和心口，安靜陪他。我看他眼睛半開，一顆顆淚水又流下來，這回則是很寧靜的內斂的情緒。

我問：「你在想什麼？」樹：「我在想今天的事情。」

我問：「想今天快樂的事，還是想剛剛跑步的事？」

樹：「剛剛跑步的事。」……眼淚又滑落。

「我覺得，我是那裡面，跑得最慢的。」心裡本來想問他真的確認嗎？後來心念一轉，覺得**客觀評估不如順應他的主觀判斷，這也許是照顧他，療癒他傷心的好機會。**

於是我問：「你覺得自己跑最慢，那種感覺是什麼？是傷心、生氣、挫折，還是失望？」

樹：「是挫折。」

「喔，是挫折啊。」我在心裡也觸碰自己的心，敞開我心的柔軟，問：「你的挫折在你的心，是什麼顏色？」

「是黑色。」樹凝神回到自己的心回答我。

我心裡的念頭轉著，現在挫折覺察也連結了，接著要如何面對？我想起上回教他說，每個人心中都有一顆小太陽的事：「你的小太陽現在能感覺到嗎？」

「可以啊！」樹連結到他心裡的光。

「上回你的小太陽是綠色的，今天呢？今天的小太陽是什麼顏色？」我問。

樹說：「我現在的心是金色的。」

於是我正色讓自己進入輕微冥想的恍惚，雙手觸碰他的心，我也連結到自己心中的光，那時我的心也是明亮的金黃色，我說：「那我們一起用心裡的小太陽，照到你心裡的黑色挫折，好嗎？」「我們讓小太陽照到黑色的挫折，用金色的光讓黑色融化掉。」

樹點點頭，他睜大眼睛，眼珠子轉到視覺想像的位置。我則閉上眼睛，集中在自己的心之光，和雙手連結的樹的心。過一會兒，我感覺到有股能量緩慢地流通，直到我的直覺說夠了，我問：「現在呢？你的黑色還剩下多少？」

樹：「只剩一點點了。」他的淚止住很久了，臉上有更多平靜。

我說：「那麼，我們留著這一點黑色挫折，看看我們能從這裡學到什麼。」

我問：「**你想想看，你可以從這次的挫折，學到什麼？**」樹眼睛轉了兩下：

「我不知道。」

我凝神：「那讓媽媽來想想，這個挫折是不是告訴我們，你很喜歡跑步？」

「你感覺一下，你是不是很喜歡跑步？」

樹點點頭，說：「對啊，我還是很喜歡跑步。」

「嗯，這挫折還告訴我，你很在乎跑輸，很在乎，是嗎？」樹又點點頭，有點委屈的表情：「對，就是這樣。」

我腦子轉了兩下，說：「那我來說個故事給你聽。」他點點頭。

我等著心中的故事出現，會是什麼呢？我在我的內在心像，看到綠色的山坡，一隻小狐狸躲在山後，耳朵動了一下，眼睛發亮地閃著。

於是我開始說故事……嗯，這是一個狐狸村的故事。

狐狸村住了許多狐狸，裡頭有許多小狐狸，他們經常一起玩。他們喜歡跑步，喜歡玩追逐遊戲，還喜歡一起抓小兔子，一起找玫瑰花。他們就這樣跑著追著，生活很快樂。

其中呢，有一隻小狐狸，他是裡面跑得最慢的。

可是這件事情只有狐狸自己知道，其他狐狸都不知道，為什麼呢？因為每一隻狐狸在意的，都不一樣。有一隻狐狸，他在意的，就是自己的毛漂不漂亮；另一隻狐狸，他在意的，是自己能不能抓到小兔子；還有一隻狐狸，他在意的，是自己的算數好不好，因為他們經常要數狐狸村有幾隻狐狸。另外，還有一隻狐狸，他喜歡交朋友，他在意自己朋友多不多。

只有這隻最小的狐狸，他在乎的是跑得夠不夠快，所以，一群狐狸玩追逐遊戲的時候，小狐狸的心裡會暗暗看看，誰跑得快。自己是不是追上別的狐狸了，自己今天有沒有跑得更快了。

狐狸們慢慢長大了，他們從小狐狸長成中狐狸的時候，這隻原來跑最慢的小狐狸，漸漸跑得更快了。等他們全部變成大狐狸的時候，美好的事情發生了。

那隻在乎毛色的狐狸，他有一身金黃色蓬鬆的漂亮毛，狐狸村的人看見他都覺得好美。他是狐狸村裡毛最美的狐狸了。那隻練習抓小兔子的狐狸，他成為抓兔子高手，許多狐狸都要請教他。那隻喜歡算數的，他的算數變得很厲害，連跑得很快的時候，路上的蘆葦花他都算得清楚。

而那隻喜歡交朋友的狐狸，他的窩成為整個村子最熱鬧的地方，因為狐狸們都喜歡找他玩。當然，那隻喜歡跑步的小狐狸，現在已經是大狐狸了，他成為全村跑得最快的狐狸。村子裡的狐狸最喜歡分享他跑步時的快樂。

故事說完了，我問樹：「你知道他為什麼跑得越來越厲害嗎？」

樹說不知道。我說：「因為他很在乎，所以他每天每天都練習。」「**在乎的心叫做企圖心，媽媽很高興，你對跑步有好強的企圖心，這會讓你進步。**」

我問他：「你的黑色挫折現在剩下多少？」

樹：「一丁點，像螞蟻一樣小。」

我說：「那媽媽還要告訴你一件事情，長得高，能跑得快，今天我不知道你是不是那裡跑得最慢的，但是我知道，你是那裡的小朋友裡長得最矮的。」「所以呢！以後我們認真吃飯運動，你可能會長得更高喔！」

「好啊！」樹開朗地回答。

展一看到樹就說：「爸爸認為你不是那裡跑最慢的，只是你的策略不對，所以你最快被抓到。」展爸拿起許多隻小動物布偶，開始在地上教樹演練，抓人時如何靈巧地閃開鬼，再衝過去。

樹加入討論，他說：「我還有一個好辦法。」他的陽光回來了。

註：樹五歲八個月。

饅頭一樣的害怕

我問：「妳的害怕有多大？是山一樣大？還是饅頭一樣大？」「饅頭一樣大。」女兒趴在我懷裡，清晰地說。

週六下午，我們帶了小孩，還有孩子的外婆，到風城的廣場騎車。樹擁有一輛炫車；為了安撫旦旦，展還帶了一輛，但對旦而言還太高的三輪車，只能讓旦旦「騎」。

黃昏時，大家都累了，我正在打電話找餐廳，旦旦坐在腳搆不到地的三輪車上，一下子沒扶穩，旦就摔跤。三輪車倒地，旦整個人往前摔，雙手撐住趴下，臉離地面只剩半公分。

沒有受傷，有驚無險，但是「驚」太大了，旦哭得泣不成聲。抱著她的我，感受到她哭聲裡，斷續的生命力，與往常的嚎啕大哭不同。

外婆在旁邊，很心疼，急著安慰她：「沒事了，不要哭，不要哭。」

我媽媽處理哭泣的習慣與我不同，我通常說：「哭哭沒關係。」這時我站在中間，樹和展回去了。

我深呼吸一口氣，先放鬆身體，感受到旦旦更貼近我，**我吸入媽媽的焦慮與習慣，接納媽媽心疼外孫的方式，在心裡感謝。**我知道，只要旦旦好，媽媽的焦慮就會減低，我無須抗拒她的方式。

我用身體細膩地感受旦旦的能量，她氣順了嗎？她與我有聯繫嗎？我好嗎？我夠穩，夠回歸中心，可以支持她嗎？直到我覺得她能量上好一些，我開始嘗試與旦旦對話：「旦旦，你是哭什麼？」「哭怕怕？還是哭傷心？還是哭痛痛？還是哭其他？」

旦說：「哭怕怕。」

我問：「那你的怕怕是大大？還是小小？」

「大大。」女兒小聲的回答，外婆笑了，說：「好可愛。」

「有多大？」我問。

「好大。」旦旦回答。

（就像我問她什麼時候，她會回答「時候」一樣，抽象度超過她的認知發展。）

於是我問：「你的害怕有多大？是山一樣大？還是饅頭一樣大？」

「饅頭一樣大。」女兒趴在我懷裡，清晰地說，蚊子在我們頭上飛來飛去。外婆完全放鬆了，她帶著驚喜，靜觀我們母女往下說。

我問女兒：「那媽媽幫你敲敲敲，好不好？」我為女兒做了釋放驚嚇能量的動作。然後問：「現在呢？你的怕怕有多大？是像雞蛋一樣大，還是饅頭一樣大？」

「雞蛋一樣大。」女兒聲音的能量更穩了。

依序，我做了更多的敲擊，旦旦的害怕，從「饅頭」變成「雞蛋」變成「彈珠」，最後變成「沙子」。

我問：「像沙子一樣大，還有關係嗎？」

女兒說：「沒關係了！」

她放鬆了，外婆很讚嘆。

隔天，旦不小心，頭撞到牆壁，沒人看見發生什麼事，敲擊聲很大，分處在三個房間的我們，都聽到聲音了。爸爸先到，抱起她，她哭得好大聲，我接著到，接手女兒，用手撫摸她頭的部位。

哭了一會兒。我問旦旦：「你會痛嗎？」

「會！」女兒說。

「那……」我思索判斷著，現在最重要的是什麼？於是**我決定先聆聽**，問旦旦：「你的頭撞到牆壁，是嗎？」旦旦經過我的聆聽，安定一些。

我問：「媽媽來幫忙你，和牆壁和好，好嗎？」

「好！」她邊哭邊回答，很委屈又很願意。

我將左手心放在旦頭部痛痛的地方，右手放在牆壁，與旦相撞的地方。（很有意思，我的手可以知道是哪一塊牆壁，與她相撞。）

我問旦旦：「你有話要跟牆壁說嗎？」

「有！」旦旦肯定地回答。

「那你就跟牆壁說話吧！」我鼓勵女兒。

「我不知道怎麼說。」女兒回答。

「那你不用說出來，交給你的靈魂，你的靈魂知道要說什麼，好照顧自己，跟牆壁和好，恢復原來的好關係。」我繼續將兩手各放一邊，身體感受到，有能量流通，經過我的身體。

流過的能量不斷，中間我與旦確認：「說完了沒？」

旦好多次都說：「還沒。」

這與我身體的感受一樣，能量依然繼續流通。（這種身體感官，是我在擔任家族排列的代表，或給排列者，學到的。）後來，我的身體感受到流動的能量停止了。我問旦：「說完了嗎？」

「說完了。」旦放鬆多了。

接下來，我抱著旦，溫柔說：「接下來，你**要跟自己的頭和好喔！**」

「媽媽說一句，你跟著說一句，好不好？」我問女兒。

我說：「親愛的頭，我愛你。」（旦一字一句，清晰地跟著說。）

「我愛你，你痛痛，我心疼你。」

「現在沒事了，媽媽來了，我們和牆壁也和好了，我要讓你知道。」

「你是我身體的一部分，現在沒關係了，就跟原來一樣好，沒關係了。」

透過這樣的對話，旦旦恢復安心與快樂，一下子又是個活蹦亂跳的小女孩。

我感受到，**孩子心靈的療癒，最重要的是通暢與和諧**。跌倒時，除了紓解驚嚇之外，還要處理她和大地的斷裂。頭撞到牆壁，和牆壁需要重新和好，也要讓自己的頭重新放鬆，恢復信任。

這是我們家，經常發生的神奇療癒。

註：旦兩歲三個月。

夢想心碎與愛

大批人馬坐著電梯下去，被展抱著的樹開始第二波的哭：「那我要把門鎖起來，鎖得緊緊的，再也不要讓他們進來！哇！」

我聆聽他：「你這樣做，因為你的心就比較不會那麼痛，是嗎？」

某個早上，樹坐在馬桶上問：「媽媽，你的夢想是什麼？」好久沒有想這事的我回答：「住在湖邊的房子。」我凝視遠方，定定的說。

樹等不及說：「那我今天的夢想是可以飛到天上。我還有一個夢想是一個人在馬路上不要回家；如果車子來了，我就走開。如果我回頭看到你們不見了，我就找人問：『有沒有看到我的爸爸媽媽在哪裡？』然後我會說住在新竹，他們就帶我回新竹找到你們啦！」

看著圓圓小臉蛋專注認真說著，充滿對冒險的憧憬與對世界的信任，一時之間我眼睛竟溼潤起來。一些是想像他流落街頭的心疼，一些是不曉得這世界是否真能讓他遇見這樣的好人。想起前一天菘表弟來新竹玩，聽說他在街上作持槍手勢詢問鄰居說：「你是陌生人嗎？我不要跟陌生人說話。」（他的學校大概上了安全教育。）

週日的早晨，母子靜靜度過，陪他進入他的想像腳本玩，喝茶、拜訪、到森林種樹。下午說好請婆婆看他，牽牽絆絆，多玩好久、多道別好久才離開，心裡帶著不捨。

我一個人繞道遠離擁擠的市區，找到舒適的書店靜下來，發現自己竟然只是想安靜讀小說。想起好早以前，一個很懂我的學生說了段故事給我：「住在遠離村莊小房子的老婆婆，經常忙著聆聽村人說話，給村裡有困難的人講故事……只是沒人知道，老婆婆的心願，就只是靜靜地坐著，看天上的雲。」

某日陪樹到公園玩，小人兒有表姊陪伴，顯得幸福異常，他們兩人手牽手溜滑梯，奔跑追逐，相互進入彼此編織的腳本世界。樹說他是小兔子，（我說我是大野豬。）表姊則是小狐狸……兔子與狐狸，在日本新竹北極三地跑來跑去。每轉換場地時，就過來我這兒抱大野豬一下。

小兔子窩在洞裡時跟我說：「我是很勇敢的小兔子，哪裡都敢去。」後來他又創作個神祕的腳本：「媽媽，其實另外一個洞裡還有一隻兔子，他是沒有勇敢的兔子，他只能待在洞裡，哪裡也不去，但是他的眼睛會一直看著你。」他指著我正前方的兔子洞對我說。

「現在我要去變成那隻兔子了。」然後他跑到那個洞躲進去。眼睛遠遠凝視過來。

我心裡凜然，這是他的另一個自我面貌嗎？最近積極發展勇敢強壯自我認同的孩子，心裡一直住著這個哪兒都不去的自我面貌？而這個很內在的他，夢想會是什麼？

我在他描述的詞彙裡看到童年的自己，當我敘述給展聽時，展比我搶著要認同。他說，他心裡住著的害羞，比你更多。孩子與父母間的相似與互補，真是神祕呵。

菘（樹的表弟）可愛微笑地與街坊鄰居打招呼，各種生活能力發展超前，他會去買報紙買咖啡；遇到大小孩群搶玩具時，可以單挑眾人。而軒（樹的表哥）則是台北都會的男孩，英文溜，可愛甜美有禮貌，萬聖節打扮成南瓜熊、每週到故事屋聽故事、假日海邊挖砂、年度有各種裝扮的月曆出版。

這幾個同年齡的孩子，長成很不同的樣子，卻反映出父母最獨特的樣貌。孩子也是父母憧憬的延續，在潛移默化中給出的，或未完成而投射的。

不曉得別人怎麼形容樹，在展和我的眼裡他是平凡的快樂男孩，害羞愛哭，認同有勇氣、強壯的男孩。他若有特別處就是說故事的能力，還有寬廣神祕，常讓我驚訝的內在世界。

樹有一種勇氣，大概是宇宙無敵的，就是他不怕傷心與心痛，於是他不會離開自己的渴望。

週五，我的妹妹帶著外甥們來我們家住一夜，玩一天。週六晚上九點要離開時，樹開始狂哭：「我不要他們走。」

急著打包要離去的阿姨和表哥姊們一下子停在門口安靜下來，只有菘表弟很緊張的說：「不行，我們要回去。」認真的表哥源則說：「可是我不想轉學來新竹。」

樹說：「我要他們住好多天……一千天……九千天好了！」這大概是他能想像最長的歲月了。

我開始算給他聽，「那就快要三十年了，那時候你都快三十四歲了耶！」後來他減縮成九百→九十→九天。一夥人還是準備離開往樓下走。

我說了個故事給他。「媽媽記得源表哥三歲的時候，也跟你一樣。他小時候，媽媽開車去找他玩，當我要走的時候，他也哭著不讓我走，哭好久好久，至少一個小時，後來我還開車帶他出去繞好多圈……好多圈……然後他才肯放手，他那時抱著媽媽的大腿說：『大阿姨，不要走。』**所以啊，媽媽在還沒生你以前就懂小孩子捨不得分離，捨不得快樂要消失的心情。**」大家聽得很安靜，一旁十歲的表哥，臉上有深情的模樣。

大批人馬坐著電梯下去，被展抱著的樹開始第二波的哭，「那我要把門鎖起來，鎖得緊緊的，再也不要讓他們進來！哇！」我聆聽他：「你這樣做，因為你的心就比較不會那麼痛，是嗎？」

小人兒點頭，傷心欲絕。

當車子發動時，他發動最後的決心，「那我要上車，我要跟他們去，媽媽你陪我一起去。」

我無法回答他，只是感受到他的心口有個洞，能量一直流出。於是**我用手貼在他心口，用胸頂住他的背……**每當我做一回這動作，他的哭就靜止下來，他的心慢慢安靜，不言語也不狂哭，就是落淚。

我們也發動車子，送妹妹一程。一上車，樹就睡著了。在他半睡的幽冥意識狀態，我輕聲說：「樹你安心的睡，等一下到高速公路口，我們會帶你回家。」

展觸動的說，「我無法體會這樣別離的傷痛，我壓抑慣了，情感不是這樣流露的。」

我心裡知道樹像誰，對於別離，我總是大慟，只是不哭出聲，也沒學會喊叫而已。樹的這部分很像我，靜靜的，不說什麼，卻一直走向夢的方向。

夜半三點，樹起身討奶喝，他追問：「菘呢？他們回去了對不對？」喝完奶，他在床上打滾，沈醉的表情：「好舒服喔！我們三個過著幸福快樂的生活。」翻身抱著枕頭看著我說：「剛剛我的心在掉眼淚，現在沒有了。」小人兒丟下兩句讓我們莞爾的話，立刻睡著了。

「心是用來碎的……因為碎過，所以更柔軟，更能愛。」

我想起教我自我關係療法的老師Stepfen Gilligan說過這觸動我的話語。

清晨，樹醒來，「媽媽你陪我去找菘玩好不好？」我分析現實條件不允許，答應他週六帶他南下。他輕鬆地答應。

過一會兒，他問：「為什麼我們昨天四個小孩會玩得這麼快樂呢？」於是我把所有的快樂因子，分析給他聽。

過一會兒，他又說：「我覺得我昨天玩得不快樂！」

我說：「媽媽不相信，**我認為你昨天是快樂的。只是你現在說不快樂，你比較**

可以不難過，不去一直想它，是嗎？」小人兒點點頭，靜默下來。

樹讓我看見人性裡，否認、反向化的各種防衛機轉，也讓我看見，當能被聽懂、被支持時，人心有多大的力量可以從傷痛中站著，面對內在真實。因為他的心剛剛碎過，所以，整個早上，我特別溫柔專注陪伴他，包括進入他的小小世界，當他扮家家酒的玩伴、他小表姊帶給他的快樂。

送樹去阿嬤家以後，我也滿足自己的夢想：簡單地，一個人，靜靜看著天空。我手捧著薑汁肉桂可可，坐擁一窗戶的藍天，手上還有一本喬斯坦・賈德的新書《橘子少女》。

這就是我擁有家之後，偶爾的小小夢想：一個獨處的、不工作的、週日下午。

註：樹三歲七個月。

一鍋炒飯

我認真解釋：「因為，現在你帶著哭哭吃飯，味道會變不好吃，而且，媽媽今天有點傷心，所以炒出來的飯也沒有以前好吃喔！」

樹很愛吃我做的香腸炒飯，他聲稱世界第一。某日，一改平日的習慣，我放了十穀米、放了蘋果……

知道我正在炒飯的樹，很期待地等著，終於炒好了，他吃了一口，安靜一下，眼淚掉下來：「為什麼跟以前都不太一樣？」

他眼淚好多好多，一臉失望的樣子：「我不要吃有蘋果的、我不要吃紫色的飯，我覺得白飯比較好吃。」

他鐵口直斷：「以前你的炒飯是世界第一，現在只有第十。」

我抱著旦旦，她吃得很好；我看著樹，看見他漂亮的大眼睛充滿淚水，不知怎麼的，非常累的我忽然變得很柔軟，**我完全能體會他的失望**，雖然理性上我不同意他的評斷。

神祕的，我沒有覺得需要處理他的淚水，我認真說：「媽媽同意這個飯你吃起來沒有以前好吃，很失望。媽媽也覺得它不夠有味道（其實是幾乎沒放鹽）。」於是，我認真地把自己先餵飽（愛吃辣的我為自己加辣醬），將他的飯倒回鍋子，加了鹽巴再炒一回。

他依舊帶著眼淚，一口飯一口眼淚認真地把飯吃到嘴巴。不知為何，在那瞬間我很平靜，覺得這孩子越來越有力量，他又問：「為什麼剛剛比現在還好吃，你不是說加了鹽巴會變好吃嗎？」

我認真解釋：「因為，現在你帶著哭哭吃飯，味道會變不好吃，而且，媽媽今天有點傷心，所以炒出來的飯也沒有以前好吃喔！」「東西加上傷心，就變苦了。」

這孩子不知聽進去什麼，他就不哭了，慢慢轉為笑容，專注地、輕鬆地，吃完一碗，然後還要第二碗。

那鍋飯，在展回來以後，我又炒了一回，給他熱騰騰的炒飯；在睡前九點半，我又熱了一次，給兩個孩子溫飽肚子。在隔日，很冷的週日黃昏，又熱了一次，兩個孩子依舊吃得津津有味。**這鍋飯，雖然在我傷心的時候開始煮，但後來，當樹的眼淚出來，我看見他的真摯，愛就出來了**，後來，我每一次加熱，都帶著愛。

樹，是個感官細緻的孩子；他會記得所有的美好，然後在下回擁有時繼續快樂，我的炒飯就是他的美好。因此，他的眼淚很能理解，那是美好的失落，天堂的墜落。

我能理解他，且沒有停留在他的眼淚，繼續往吃飯的路走，覺得自己有些不一樣。我沒有覺得那個傷心需要我的支持，那個傷心，樹自己與之連結夠穩固了，所以，我無須停留，那傷心，還挺美的。需要我停留的，是那鍋飯，之前，我的愛缺少時炒的飯。

樹的傷心，讓我找回愛，我用愛，再次加入鍋子裡，讓飯變好吃。樹是個喜歡知識的孩子，他聽見，傷心會讓食物變不好吃，他似乎理解了自己，也就回到當下，恢復快樂。

一鍋炒飯，一次次，因為了解與認真，一次次變得柔軟而添加了愛，越來越好吃了。

兄妹間愛的序位

我說（堅定地）：「哥哥是媽媽的孩子，你也是媽媽的孩子。」「哥哥先來，你後到。」「媽媽愛哥哥，也愛你。」「媽媽照顧哥哥，也會照顧你。」

會說話的旦顯得很有主體性。對於她要的，她會不厭其煩的表達，對於她不要的，她會堅定搖頭。對於她想要，但在哥哥手上的玩具，她會尖叫，對於她以為屬於她的玩具，被哥哥佔著，她也會尖叫抗議。

晚上時，樹要我幫他作靈氣（手靜放身體上，許久）。旦旦過來尖叫，用手想把我的雙手帶離哥哥的身體。

小妮子的心，覺得媽媽的手和身體，都是她的。當旦旦尖叫，我說（堅定地）：「哥哥是媽媽的孩子，你也是媽媽的孩子。」「哥哥先來，你後到。」「媽媽愛哥哥，也愛你。」「媽媽照顧哥哥，也會照顧你。」

這樣的話語像吟唱般，唱給十六個月的她聽，聽啊聽，大約唱兩次，她會聽見，然後離開。也許過個五分鐘，又會回來，想把我的手抓走，大聲尖叫，於是，我得再唱一次。

樹聽我這樣唱，非常安心地，繼續放鬆，享受他的靈氣。旦旦聽我這樣唱，也顯得非常放鬆，有些了解，只不過她得學習一次又一次。

我很高興，這樣吟唱讓這個家，愛的序位，穩穩地，穩穩地，流動著。

註：旦一歲四個月。

把你的害羞給我

「樹，快到教室了，把你的害羞給我吧！」

「給你。」樹做出從心口掏出個東西的手勢。

我收了他的害羞之後，「那媽媽也把我的勇敢給你一點。」我從心中把勇敢掏出來給他。

樹每週有兩個晚上要上敲擊樂的課。上課滿一個月時，他還沒在班上開口過。當老師問他時，他靜靜地凝視老師，有時答案是手勢、動作或節奏，他自有他擅長之處。但這個在家語言超齡的孩子，到了群體就成了小啞巴。

每次我都陪他在教室裡（教室允許家長陪，但到了第二週，所有的家長都退出了，我一直留下滿一個月），看他專注地睜大眼睛盯著老師看的表情，心情真是複雜，我得忍得很用力才能不出口干預他的退縮。我想起了自己六歲時的一張照片，也是睜大眼睛盯著鏡頭，那是一種太久沒說話後的凝神。

直到某天，他開始有了小小回答。那是一個小意外，他手抓了小雞雞一下，老師問他是否要上廁所？他點了頭，於是他快步跑向教室外，在外頭與我嘀嘀咕咕好久，又自己快步進教室。

下次，他手摸口袋時老師問：「你在找什麼？」他大聲回答：「衛生紙。」然後他拿出衛生紙來擦鼻涕。

老師敲了個音問他是什麼音？他回說：「不知道。」然後又小小聲的說：「So。」唉，聽起來像金子一樣珍貴的聲音。

回家後我問他：「下次還想去上打鼓課嗎？」

「還要。」小人兒斬釘截鐵。

「那你上課前，常常不想走路，要媽媽抱，是為什麼？」我好奇了。

「因為我有一點害羞。」小男孩的答案讓我驚訝。

「那下次上課，你把你的害羞拿出來，借放在媽媽的口袋好不好？」我的創造力出來管事。

「好啊。」小男孩輕鬆答應。

「你的害羞在哪裡？」我開始神奇步驟。

「在這裡。」（小人兒兩手摸著他的小肚子。）「我的害羞有一點。」

這時候爸爸進來了。「樹，爸爸小時候也很害羞。」爸爸很真誠。

「為什麼？」小男孩眼睛亮起來。

「因為小時候爸爸也整天待在家裡，都沒有出去和其他小朋友玩。」爸爸眼睛看著遠方。

「喔！」男孩有些同理心的落寞。

「樹，來！把你的肚子放在我的肚子上面，讓你的小害羞跟我的老害羞打招呼。」爸爸說了神奇的話。

小人兒笑了。爸爸有一種窩心的表情。我也在想，我小時候的害羞有多大？

和兒子說好下次上課要拿走他的一點害羞的我，就等著下回上課的時間到來。連續觀察孩子上課的我，知道樹除了害羞之外，還有一些進度跟不上。

他是班上頗小的孩子，平均年齡大約五歲多的班級，孩子們從符號到打擊節奏的連結學得比小樹快多了。樹不是不會，他是沒信心。

他說過：「我怕回答錯了自己會難過。」是我發現，這孩子若沒十分把握，可能會膽怯呢！記得那天老師要他用鈴鼓打節奏回答：「老師你好」之時，**靠近他身體的我，感受到他是真的害怕，體內有顫抖的怕怕能量。**

就在說好了要拿走他害羞之後，我決心回家幫他複習，只是生活的腳步總是匆促，生活裡能玩的能笑的輕易就把時間用掉了。直到上課前一天深夜，刷牙上床前，忽然想起他的節奏符號。

我輕巧地花了十分鐘和他玩玩，孩子在有「爸爸同學」（故意裝成學起來比樹還笨拙的糗樣子）的陪伴下，一下子就挺有模有樣了。好啦！睡覺去。

第二天，送他上課的車上，樹坐在汽車前座中央的置物盒上。

「樹，快要到教室了，你把你的一點害羞給我吧！」我要求。

「給你，在我的心裡。」樹很爽快的音調，做出從心口掏出個東西的手勢。看孩子很乾脆，我收了他的害羞之後，回送他「一點點勇敢」：「那媽媽也把我的勇敢給你一點。」我鄭重地從心中把勇敢掏出來給他。

一旁的爸爸也慷慨的「爸爸的勇敢也給你一些。」收了兩份勇敢的樹，露出快樂的表情。

這回走樓梯，他不扭捏了，要求我抱他走九階之後，三樓的階梯都自己爬。教室門口遇到老師，在我提醒下，他主動說：「老師好。」然後他自己補充：「**今天我的心多了點勇敢。**」

老師一開始沒聽懂，聽懂後老師問：「多了勇敢的樹，今天要不要和老師問好？」小樹點點頭，眼睛炯炯有神地凝視老師。

果真，第一圈的問候，在小朋友們熱烈的舉手輪流之後，樹也自行舉手了，雖然小身體還是有些顫抖。他的聲音清晰明亮，拍著鈴鼓說：「老師、老師、你——好——」頓時全班歡欣鼓舞，老師形容她高興得雞皮疙瘩都掉下來了。

這天的課，全班都很起勁，像是一起被鼓舞了一樣，而樹則是每一場要回答的地方都有聲音了（包含「我不知道」）。當老師要求唱《小星星》的時候，他還舉手大聲跟老師說：「可是我不會唱。」

下課在等待聯絡簿的時間裡，我問：「樹，媽媽覺得你今天進步了，你覺得你自己哪裡進步了？」

「我知道。」小人兒眼神明亮，「我的『心』進步了。」

這答案讓我深呼吸，原來是心進步了啊！這是連我都不曉得的答案，覺得孩子比我有智慧多了。原來這麼長久以來，我們陪伴他、涵養他的就是擁有一顆，「**能夠與自己對話的心。**」這個在我們倆面前最活潑聰慧的孩子，有顆完整鮮活的心，至於社會化還有人際學習和功課等等……原來只要有心的合作，一下子就OK了。

那天回家後的晚上，三個人都很high，樹像是充足了氣一樣，說話多了十個分貝。他還得到老師送的三顆糖果，不愛吃糖的他頻頻跳舞說：「好吃好吃。」這讓不給孩子糖、不用行為增強技巧的我，也覺得可愛好玩。

我開始明白，前一個多月，一直在教室裡悶不作聲的樹，其實心裡是承受壓力的。小小的他，憋著一顆悶著的心，獨自承受著。

我喜歡他只承受這自我無法突破的壓力，而沒有來自父母期待的壓力。我也喜歡我們沒有太快幫助他，讓他擁有一顆靜默的心獨自面對。我最喜歡這孩子遇到困難的時候，因為他的心有機會培養力量。

樹從那次以後，就可以在班上開口而無礙了。很快地，我無須進教室陪他。他快滿四歲時正式上學，上打鼓課累積起來的群體經驗，是美好的後盾。

註：樹滿三歲。

命名

而我，遲遲未能下決心命名為「千尋」，是那疼孩子的心，覺得「眾裡尋他千百度」太辛苦了，不忍心。

當母親的心，是自己刻骨銘心就好了，孩子無須走這一遭啊！

「naming」，命名，屬於魔法師的治療原則，給予名字，使用語言召喚的力量，選擇了我們彰顯生命能量的哪一面向。

千尋，是我們想要給女兒的第一個名字，其實這名字本來是想給樹的。懷樹時去看電影《神隱少女》，我因電影裡少女千尋的勇氣與愛，有著好多的感動。

在戲院裡我心裡直想著：「若是生女兒就好了，可以取名為千尋。」後來知道是男孩，放下了這名字，保留了「千」，算是我對孩子能充滿勇氣與愛的心願。

老大的名字，「千樹」是從〈青玉案〉，辛棄疾的詞來的。

「東風夜放花千樹，更吹落，星如雨……」

那闋詞的最後幾句是：「……眾裡尋他千百度，驀然回首，那人卻在燈火闌珊處。」

與展相遇，在一個「無法在一起」的局勢裡。思念成了當時的背景心情，尤其在正月十五，元宵時節。由於父親的關係，思念故人的日子對我而言不是中秋，而是元宵。

那幾年，元宵思念展，放在心裡，默默地，成了最深的烙印。當時，陪著我的是這闋詞。不知為何，當展第一回開口對我說話，就是那種，眾裡尋覓終相遇的心境。我的心願是，希望有一天能和展成為家人；而展的心願則是，想給我幸福。

千樹這孩子，是我們倆成為家人之後，一起努力前進的腳步。

父親在元宵節後的凌晨去世，與父親有最多歡樂的記憶則在元宵節的夜晚。

在父親離世的初幾年，往年我們家最繁華嬉鬧的節日成了清冷。每當那時候，心裡清冷，聽著此起彼落的鞭炮聲，看著夜空的煙火，心裡想著，想要再有一個家，一個同樣以嬉鬧為基調，自由又充滿愛的家。

給千樹的名字之時，我也許了諾，給一個家，一個歡樂滿愛的家。

「樹」這字，在展的心裡，也象徵了他最愛的蓊鬱森林。

樹經常這樣說：「因為我的爸爸最喜歡樹，所以我的名字叫做千樹。」

第二胎，當確認肚子裡懷的是女兒時，千尋這名字又冒上來。得以一償夙願，將孩子命名為千尋耶！巧合的是，「尋」在〈青玉案〉裡吻合了「眾裡尋他千百度」的意象。

就這樣，在孩子尚未出生前，好多人就知道了千尋的名，除了我之外，家人們也開口這樣說她。而我，遲遲未能下決心，是那疼孩子的心，覺得「眾裡尋他千百度」太辛苦了，不忍心。當母親的心，是自己刻骨銘心就好了，孩子無須走這一遭啊！

孩子出生，我抱她在懷裡：一次、兩次、三次……心裡小小的聲音這樣說：「這孩子是千尋百找才找到我們，一起相聚作女兒的。」既然尋覓終了，何以需要千尋呢？於是，我明確地放下千尋的名字，開始凝視女兒，另外尋找女兒。我閉著眼睛看著孩子，敞開心識，看看會有什麼意象浮現出來？

在尋字到詞窮時，我不爭氣地說：「乾脆交給我媽，找人算名字好了。」展大力反對：「孩子的出生神話很重要的，**孩子的名字是父母給他的第一個禮物，是嚮望他成為他自己的地方。**」

看著女兒，我一直看到透亮的金光。加上女兒是凌晨入產房的，當我醒來看見她，窗邊透亮著金光。於是，我們開始朝著「光」這意象找字。找了遠在法國的好友麗玲，她翻閱《說文解字》的詮釋，給我們「昕」（音同欣）這字。就這樣，產生了「千昕」的名字。

「昕」，天剛明之時，薄光透亮的感覺。

這中間還出現了競爭者「星雨」，「星雨」取「花千樹」與「星如雨」的對稱。後來夫妻倆同意，女兒屬於白天明亮的意象，大於夜晚璀璨的感受，放棄了

「星雨」這名字。

千昕，是女兒之名。日後我們稱她小名「旦旦」，因為在媽媽肚子裡，稱她「小蛋蛋」慣了，換個同樣是朝日的旦字呼喚之。

Naming的影響力，在於趨近真實的詮釋，雖然朝向真實的道路有無數多，但朝向的詮釋，即能發揮共鳴與相應合的力量。而父母取名的歷程，記錄了父母在宇宙間對兒女形貌的召喚，有著最深的嚮往與期許。我們家的孩子，有樹的生命扎根意象，有天光透亮的醒覺意象，這也預告了我們未來的道路。

樹的詩心

我看著他臉上的表情。我問：「樹，你今天有好多生氣，是嗎？」

小人兒：「我的心裡住著三個人，快樂飛走了，傷心留著，生氣又飛進來。」

二〇〇五年的十二月底。開車送樹，我用瓶子灌礦泉水，他也討了一口。水倒入喉之後，我問：「水冰嗎？」

他說：「日子一天一天過去……」

「咦？」當媽的納悶，小小孩怎有感慨詞？

小男孩：「冬天來了……水用她的身體告訴我們冬天有多冷。」

這男孩有一顆詩人的心呢！他的語言喚醒我的心靈。

幾天後，母子倆站在家門口等計程車。我看著他臉上的表情。我問：「樹，你今天有好多生氣，是嗎？」

小人兒：「我的心裡住著三個人，快樂飛走了，傷心留著，生氣又飛進來。」

我很驚訝，孩子表達的精準。一問一答之間，澄清出這樣的歷程：「在昨天昨天（前天）的晚上，快樂飛走了。在昨天晚上，傷心就飛進來。在今天中午吃飯的時候，外面的生氣忽然闖進來，就出不去了。」

說著說著，孩子越來越快樂，他告訴我，「現在快樂已經回來了。」（他面色紅潤，大大的笑。）

「傷心也全部都走掉了。」

「等一下計程車來的時候，生氣也會離開。」

在計程車裡，他形容：「本來住在我身體裡面的人在玩森林遊戲，後來他們在玩砍樹遊戲，我的快樂就不見了。」（小人語的象徵解讀是：當外在人際之間有破壞時，他內在自我關係也搞破壞，於是他不快樂。）

他還形容：「生氣是樹根，傷心是樹幹，快樂是葉子。」

「生氣和傷心飛走之後，樹根和樹幹變回原來的樣子，葉子還是快樂的。」

這是小孩的心像隱喻，他用他獨特的經驗語言，在描述抽象的感官感受。

這其實就是詩心，和宇宙同步呼吸的語言。

媽媽就掉不出去了

「關起來了，媽媽就掉不出去了。」

「關起來了，媽媽就掉不出去了。」

樹說了兩次，丟下我呆了半晌，在窗台上，久久不可置信。

家裡臨馬路的窗戶有個平台，坐在那兒可以一覽窗景，那是我最愛發呆的地方。

有了孩子後，娘家的媽提醒好多次，要裝鐵窗，否則太危險，孩子會掉下去！我遲遲不肯殺了我的天空；也一直記得，那是家裡的安全漏洞，也就會提醒自己，孩子在家時不要開窗坐窗口。

一個晚上，圓圓的滿月掉得好低，月暈好迷濛……我忍不住，打開窗戶，三人一起看月亮。展一下子就離開了，剩下樹比我還著迷。

看了很久，然後又迷上了開窗關窗戶，玩了好久。我在一旁些微緊張守著，直到我離開時，偷偷鎖上窗戶。

樹說：「媽媽不要關窗戶！」我還來不及反應，小人兒踮起腳尖，輕易地自己開窗。#％？驚訝之餘，我滿心納悶：他什麼時候學會的？

我輕輕走到他身邊，說：「樹，五樓有沒有高高？」（有，樹點頭。）

「這裡啊，如果頭伸出去，有可能掉下去喔。」我作勢比劃：「掉下去啊，樹就不會動了，那媽媽就不能跟樹一起玩了。**樹不會動了，可能也不會痛了，但媽媽這裡會一直很痛，一直很痛。」**我摸著心口說。

不到一秒，小人兒迅速關上窗戶，鎖起，跳下窗台，往房裡面走。

「關起來了，媽媽就掉不出去了。」「關起來了，媽媽就掉不出去了。」他說了兩次，丟下我呆了半晌，在窗台上，久久不可置信。其實我心口因為想像失去孩子還痛著，但立即又被孩子的果決與敏感衝擊著。

孩子啊，你是如何神祕的存在，是上天下來的天使，把滿滿的愛帶到媽媽身邊。

註：樹兩歲多。

有子傳衣缽

昨天晚上樹跨過我身體時不小心撞到我的肚子，他心疼而溫柔的說著「對不起。」

我感受到樹好真摯的抱歉和關切，還有求真的心情。

樹三歲時心智已長得像個完整的小大人。他喝著我買回來的永和豆漿，開心快樂的搖晃腦袋，用一種很覺知的表情，溫柔而緩慢的說：「我的心感覺到一種好喝的感覺。」我看到他滿臉盡是幸福的模樣。

他的成熟在每天晃蕩的漫漫時光裡，一分一秒精采地醞釀著。

他忙著玩遊戲，發明新遊戲。「爸爸，你拿一個枕頭抱著跑過來，然後我也拿一個枕頭跑過去，然後我們就砰一聲撞在一起。」於是父子倆開懷相撞倒地大笑。

我好奇的問：「這遊戲誰教你的？」

「我自己想的。」孩子開心。

他忙著要我幫他代筆寫信，他唸我寫，要我傳真給他住在各地的表兄弟或阿姨們。

小人兒的信裡這樣說：「菘，今天我和爸爸媽媽在家裡玩玩具，等一下我們要去吃飯。寫完了。」「Well阿姨，今天我們三人去餵魚，好多魚。寫完了。」「軒，爸爸做了吹泡泡水，我們去草地上吹泡泡。」小人兒保存著他寫的信以及各地來的回信，每日重複唸誦觀看，心滿意足地享受他的人際心靈資產。

他一天問將近一百個為什麼：「為什麼大人每次做事情都要說『有空』呢？」

「為什麼晚上的天空是黑的？」

「為什麼水會流？」

「爸爸你為什麼在想事情呢？」

昨天晚上他跨過我身體時不小心撞到我的肚子，他心疼而溫柔的說著「對不起。」我感受到他好真摯的抱歉和關切，還有求真的心情。

「為什麼我的腳從你身上跨過會撞到你呢？」「要怎樣跨過才不會撞到你的小蛋蛋呢？」他那真摯的表情與柔軟，輕輕蹙眉的擔憂，都讓我感受到他小小身體裡的人性深度。

這孩子，跟我們好像。吃到好吃東西就能幸福是我們的獨特專長，設計團體與遊戲是我的謀生技能，愛寫信、寫日記是展和我接觸心靈的方式，好奇與思考則是我倆的活力之一。底層裡，對人性溫柔與親密的追求，那是我們倆的終生職志吧！

有子傳衣缽。我在小人兒身上看到自己的影子。

小人兒給的療癒

「不要，樹要在媽媽家，樹要在這裡玩。」兒子抗拒。

我虛弱而無助：「樹，媽媽現在想哭哭，不會陪你玩呢！」

當母親的我雖極力給孩子明亮爽朗的日子，但心底的幽谷還是會不時被勾起，生命最深的傷痛是父親的驟然去世，幽谷的陰鬱濃霧又漫天時，天真的孩子居然能把我拉回現實世界，那明亮歡笑的力量呵！

慵懶閒散的中午，閱讀誠品《好讀雜誌》悼念袁哲生的文字，文字寫著「……看到報導袁哲生自殺，好痛，我的頭狠狠撞在玻璃門上，額頭腫起了一個大包……」我心裡的哀傷唰地湧出，彷彿自己頭上也撞了個大包，跟著痛起來。這死亡的哀悼，勾引起，我失去父親的痛。

樹在一旁騎三輪車繞圈圈，閱讀入神的我一下子收到那種因朋友自殺而頓時失去世界的恍惚心境，我覺得悲傷，悲傷而虛弱，覺得無法陪伴樹。我說：「樹，媽媽送你去阿嬤家好不？」我決定提早兩小時送他出門。

「不要，樹要在媽媽家，樹要在這裡玩。」兒子抗拒。

我虛弱而無助：「樹，媽媽現在想哭哭，不會陪你玩呢！」小人兒不知聽懂沒，跑走又繼續開心的玩著；我耗著，手翻雜誌，心在幽谷與現實出出入入。

樹玩著：騎車煮飯、照鏡子……然後他要我說繪本《是誰嗯嗯在我的頭上》。母子倆專注地用手摸著書上各形各色的動物便便，「鴿子的大便是這樣的：一坨白色的、軟軟的、黏黏溼溼的……」

樹稚嫩清晰的聲音隨我重複著：「軟軟的，溼溼黏黏的。」有趣的是，感官描述的字眼很容易讓我全神貫注，一下子我回到現實世界，心境明朗許多。但還是隨時掉回陰暗幽谷，眾多文人悼念袁哲生的文字，存在的悲喜力道或無奈一一撞擊著我。我的悲很痛，眼淚卻出不來。

樹跑來了，用嫩黃薄紗簾幕圍起坐在落地鏡子前的我。

他開心極了，像發現新的祕密基地。「媽媽在裡面，樹也要進去。」他來回出入薄紗簾幕，從我身上爬過，從我腳邊撩過，大臉的笑意盯著鏡裡的自己瞧。

神奇的是，我的淚水就出來了，靜靜的順暢滑落。薄紗簾幕圍成心靈的象徵，我得以有躲入深處的感覺，幽暗又明亮的空間，剛好映襯出內在的心境。

孩子出生後，我讓自己活在明亮樂觀太久，心底的混亂與晦暗終於在此刻找到出口，大力呼吸；文字中失落的悲痛意象，狠狠撞上玻璃門的狼狽不算什麼，心裡那荒謬與巨變才是吟唱的主題，我也曾如此措手不及的失去安全與親人……我的工作也鎮日接觸人間的底層陰暗。

樹把三輪車都騎進薄紗簾幕來了，小人兒問：「這是哪裡？」「這是哪裡？」

我說：「是我們家啊！」

他回應，「是我們家啊！」語調裡有甜蜜的幸福與天真的安全，然後他慢慢而清晰的說：「媽—媽，樹，和三輪車一起在我們家。」身為母親的許諾好像就是想給孩子一個家，在給家的同時其實得到最多的是自己。淚水流出之後舒坦多了，但虛弱依舊，我還是動彈不得。

這時候小人兒又喊話了，在窗口的平台上，他大聲喊：「媽媽，樹把挖土機搬上來了。」「好高好高。」「媽媽，挖土機好高好高！」

我沒回應，樹繼續喊：「媽媽過來看！」於是，我到窗口，看到他興致盎然的踮腳尖，沿著挖土機踩著邊緣的窄窄通道走路。

「媽媽，樹要在這裡玩。」我順手為他拉起低垂的厚布羅馬簾，陽光唰地跳進來！唰一下，陽光闖入空間，撞開心裡的厚布簾。

為樹開的窗，也是為自己開的。於是，我的力量恢復了。

回顧起這短短一個小時，小人兒創造出兩個新的遊戲角落，給了我剛剛好的光度，封閉與開闊……像是兩個好舞台，讓我心靈的轉折盡情演出。一幕幕，像是走心理劇的場景，這是**小人兒給我的療癒舞台**。

註：樹兩歲。

苦澀與領悟

苦澀與領悟說的是親子關係中的僵局，親子僵局以及夫妻僵局。因為卡住一陣子所以出現了苦澀，而苦澀卻帶出更深刻的領悟。

在抓狂的邊界停留

我問：「以前，媽媽開車，你坐安全椅，今天為什麼不行？」

「抱抱。」這是她唯一的需求與回答。

我聽懂，她說的是：「沒抱夠。」

女兒一歲八個月的時候，她長出的自我意識與我衝撞到了。八月的清晨，我一個人在家寫字，等旦睡醒。十點五分，我聽見她叫媽媽嬌嫩的聲音；我們倆，很親密地、溫柔地，舒緩地展開一天。

照習慣，她要在我懷裡賴至少半小時才會滿足，然後出門程序就會順暢。我享受與她賴在一起，肉身相貼的慵懶，但心裡卻有進行中的計畫和要寫的東西。

十點十八分，婆婆打電話來，且和阿嬤說得愉快，阿嬤邀請：「到阿嬤家好不好？」

「好。」她滿口答應。我心裡偷偷高興，方才問她還不要呢！應該是被阿嬤的熱情吸引。於是我整裝帶她出門。她愉快地上車，坐在駕駛座，表示要「抱抱」而對於前座右方的安全椅，搖搖頭。

我心裡有個決定：「是堅持讓她坐安全椅的時候了！」平時她也就是順順地坐安全椅，最近都是展爸送，或許她從爸爸那裡學到新習慣，我心裡猜想。

於是，我說，不行，開車時不抱你，媽媽可以在這裡抱抱，抱夠了，我們就開車。我抱她，她安靜溫柔的享受，一分鐘……兩分鐘……三分鐘……車子很熱，啟動冷氣又不環保……我在車子啟動與熄火間掙扎。

十點三十一分，我把她塞到安全椅，她掙扎不從，我還是將安全帶綁上，倒車出車庫。她大哭掙扎，我又熄火，在車庫前，解開安全帶，抱她。**我發覺自己無法放鬆並享受抱她的感覺，感覺只是撐著等著她說夠了，然後我能出門。**

我頻頻問「夠了嗎？」「夠了嗎？」小女孩一直搖頭，她還煞有其事地指著

錶，感覺很懂得時間的樣子。

十點五十分，我覺得自己耐心即將用盡，再度把她塞上安全椅，她掙扎反抗，我還是扣上安全帶，車子滑出家門。

小女孩一邊大哭，一邊掙脫，她使出了渾身解數，最後把自己倒插（頭朝下雙腳朝天亂踢）在安全椅（因為安全帶太鬆）。我看她掙扎痛苦，只好路邊停車，解開安全帶，讓她坐好。

她拚命要回到我懷裡，我感覺心已封閉，無法溫柔，也無法抱她。我說：「媽媽現在沒有要抱你，媽媽做不到。」她繼續用力要回到我懷抱，理性的我明白在沒有其他照顧者的情況下，最好「拒絕」她的依附需求，但我的身體與情感在抗拒著；最後我敞開身體讓她靠，鬆開手臂而不擁抱她。

她在我身體哭泣、掙扎、翻滾、小頭撞到我的下巴，數次呈現扭曲的姿勢……（她渴望被緊緊抱住吧！）但我再度讓她坐在我腿上，表達：「媽媽現在沒有要抱你。」

我們中間有一段理性的溝通：「旦，媽媽相信你可以讓自己安靜的，你讓自己不哭好嗎？」她花了一分鐘平靜，安靜下來。

「媽媽要跟你說，為什麼不能抱你開車，因為媽媽喜歡我們兩個很安全，可以活得很好很久。」我問：「以前，媽媽開車，你坐安全椅，今天為什麼不行？」「抱抱。」這是她唯一的需求與回答。

我聽懂，她說的是：「沒抱夠。」

我感覺自己有數個選擇，若我離開汽車就可以抱她；或是，我可以繼續消極地讓她碰觸我，但固執地不抱她；甚至，我可以打電話請求婆婆來解圍，讓有耐心、溫柔的阿嬤疼惜她。我一時無法做決定，僵持在汽車裡。

十一點十七分，婆婆打電話來，她跟女兒說了話，女兒聽啊聽阿嬤的軟語憐惜，安靜了些。我問：「媽媽抱你下去買餅乾，然後我們坐安全椅，去阿嬤家好嗎？」她沒有回答，於是我做了選擇。

我抱她下車，買了餅乾，女兒安靜吃自己的手指，帶淚的臉還是很可愛。我將她放上安全椅，她依舊大哭，但因我已經將安全帶變得貼身，她無從掙扎。她搖頭說不要吃餅乾，我說好。然後她放鬆了，定定的眼睛看我，**這時，我的心敞開一**

些，用手掌溫柔覆蓋她的身軀，我們倆不時凝視對望。

她指著腳、手……好多地方，要我碰觸，我一一問：「痛痛嗎？」她點頭。我還看到她臉頰有大約半公分的小刮痕，感覺到我被她撞得很痛的下巴……母女倆都掛彩了。

我們順利地到了阿嬤家，阿嬤卻去銀行了。停車在巷子，我問：「要抱抱嗎？」她點頭。我終於有柔軟的胸膛可以給她，她坐在我懷裡，我隨手幫她敲穴道，發覺她許多能量塞住了。

我問：「喜歡抱抱嗎？」↓「好」；

「剛剛怕怕媽媽嗎？」↓「有」；

「現在怕怕媽媽嗎？」↓「有」；

「媽媽喜歡你，剛剛讓你怕怕，對不起。但媽媽還是堅持，開車時候不抱你。」

「媽媽愛你，謝謝你一直和我在一起。」

十一點二十四分，我離開婆家，在車上，我思考著，「我的選擇與無選擇」。

在她掙扎最高峰，身體陷入倒立姿勢，我半路停車時，那是轉折點，我看見自己有兩種可能：繼續固執送她出門，或放棄自己的寫字計畫回到當下。

當時的我「堅持安全椅原則」多於「看見孩子」，這不切真實的認知讓我困住了。我檢查著，裡面有情緒嗎？我檢視到當時的自己有些僵硬，是封閉狀態……但還不到冷漠，我沒有挫折，沒有受傷，沒有生氣，沒有不接納女兒，但我有奇特的執著，這是什麼？

原來我想體會受困的狀態。平日的我太少受困了，到底受困，被孩子搞得抓狂的父母，是什麼感覺呢？

我封閉了對當下的柔軟敞開，僅剩下幾個簡單的原則與孩子應對：

- 最大原則：不抱著她開車和把身體保留給她。
- 平靜表達與聆聽。
- 不委屈自己。
- 放棄時間，當成一場學習。
- 在其中尋找可能與彈性。

而我的對手，也就是女兒旦旦也有她的天生氣質：

‧堅持，永不放棄。

‧有能力讓自己平靜，也有能力奮力一搏。

我知道，若我敞開與柔軟，可能會有更多溫柔與創意；但這次我用了最拙的方法。

我領會到，**被孩子逼到抓狂的父母，主要是「堅持教養原則」而無法「看見當下的彈性」**。至於女兒與我之間，我學到最多的是：她在起床時，需要很長的時間，賴在媽媽身上。至少預估六十分鐘吧！好好留在家裡舒適地擁抱，下回別到車子上受苦了。

只要被抱夠了，旦就是個能溝通的明理小孩。

權威管教的背後（上）

那天，我突然有些不講理的跟樹說：「媽媽以後都不餵你吃東西了。」

我的堅持引發了樹的堅持，他說：「我只要在學校和我們家自己吃。在這裡（指外婆家）我不要自己吃。」

樹與菘表弟，四歲四個月左右（兩個孩子年紀差半個月），在娘家。

我看著妹妹管教她的兒子菘。菘因故意打翻「媽媽與姨丈（展）正在玩的棋盤」。妹妹管教引發菘哭又尖叫；菘的哭與尖叫更引發妹妹繼續狠狠地管教，超過四十分鐘的衝突對立時間。在場除了妹妹與菘的聲音之外，大家都很安靜。

當時我抱著旦，自己頭痛著，無法發揮任何功能。樹安靜在一旁，事後他說他有些害怕自己也會被罰站。我在心裡感受妹妹的心意，以及何以她如此強烈管教兒子的用力，心疼她的苦，也心疼菘的痛。

當時，我的頭痛是因我認真地在模擬妹妹的心識，「一個自覺無助，而使用強硬威權管教的媽媽」。

我模仿妹妹其實是出於自己的需求，因我正在寫一本給父母的書，我告訴自己，**使用威權是大多數父母的憑藉**，若我無法感受到這部分，我寫出來的書（註1），只能唱高調。我試著調整自己進入妹妹的狀態，讓自己心裡使用威權的心識，被召喚出來。（喔，原來我的頭痛，就是進入威權狀態的生理症狀之一呢。）

獨處時，我將這段故事書寫出來，才釋放了當時的能量，我真的感受到悲傷，這悲傷包裹著當天被我召喚出來的心識，一種「愛與害怕，驕傲與卑微」交織在一起的複雜。給予自己深深的治療的同時，我也想，「給妹妹一個深層的同理」。

我與妹妹，成長於同一個家庭。我與她，心裡都有著童年家庭與社會互動造成的影響，那就是：「我在這社會，要如何獲得尊敬？」（註2）

我與妹妹，各自選擇了自己的方式：我讓自己變成老師，習慣真實呈現自己內心深處故事的我，獲得了肯定。妹妹有她超強的親和力，在交往圈裡獲得自然的喜愛與尊敬。

但我們倆，也還涵蓋著童年家庭貧窮與社會階層帶來的卑微感。我用去除世俗標準與解構既定觀念的努力，來釋放自己獲取自由。妹妹使用經濟的優勢與物質上的優渥，來感受自由。於是，對於教養孩子，**我選擇支持孩子暫時的「狀況」來涵容孩子更完整的心性。**妹妹選擇堅持管教孩子學會好，對於孩子暫時的狀況，除惡必盡。

這樣的選擇，讓我們家的樹，窩在爸媽羽翼下，用他的進度，放鬆地長大。而妹妹的兒子菘，在學校與社會，都是亮麗的明星孩童，只是在跟母親的關係裡，既衝突又糾纏。

底下，我用我的眼睛，來寫出我看見的母子衝突背後的動力。

那天，菘看到他最重要的媽媽與他喜歡的姨丈，在玩一種看起來很好玩但是他沒玩過的遊戲，他沒有參與，於是他一下子就衝過來，用一種破壞的行動，來表達他心裡強烈的羨慕。

平日，若看見媽媽抱表妹旦，菘也會用哭的方式來表達他心裡的危機感。那種情況下，妹妹似乎喜歡菘的吃醋，在管教他之餘，還帶有欣喜的寵愛味道。但那天菘的衝動行為，棋子與棋盤大聲落地的聲音，讓全部的人都嚇到了。遊戲被中斷的妹妹與展都立即進入生氣狀態。

敏感如小動物的菘一定立即感受到情緒環境的龐大，在妹妹還沒開口管教他之前，他先發制人地尖叫哭泣。這行為卻引發妹妹更堅定地要掌握他，妹妹說：「想哭嗎？那你就繼續哭五分鐘。哭，繼續哭。」於是，菘帶著驚嚇、想取悅母親又不願被控制的掙扎，強烈地斷續啜泣與無助的眼神。妹妹在感受到兒子威脅的情況下，持續堅定地擺出大撲克臉。

控制與輸贏變成當時的主題。溫柔與互相了解已經被遺忘。

當時我進入妹妹心識的身體，感受到頭脹痛與恍惚，雙腳有一種懸空不落地的飄浮感。我覺得世界搖搖欲墜，唯一能掌握的可能就是舊時會的方法，否則會有一種死亡的錯覺。

即使平日練習那麼多靜心，當我進入了一種母子間深層的糾葛，同時有著卑微議題和權力控制的雙重糾結時，我也進入了執著狀態。那就是，堅持本來固執的，用盡力氣堅持自己是對的，因此看不到其他可能與彈性。

頭痛後，我的脖子肌肉開始緊繃，整個脖子與肩膀，緊繃與疼痛了二十四小時。（我已經半年沒有這樣的緊張肌肉呢！）進入那心識狀態，引發出我內在原有未解決的能量。這兩天，我與樹之間，也有兩次進入類似但規模小很多的管教互動。

那天，我突然有些不講理的跟樹說：「媽媽以後都不餵你吃東西了。」（樹在學校和自己家，自己吃東西吃得好又快。在吃飯有電視存在的阿嬤與外婆家，都得依賴被人餵才能在時間內吃完東西。）我的堅持引發了樹的堅持，他說：「我只要在學校和我們家自己吃。在這裡（指外婆家）我不要自己吃。」

我發覺，平常的我，在**管教時，焦點在於「我的內在，孩子的內在，還有我**

們倆間的交集。」而那次，我的意識焦點在於：「我堅持的理念是對的，孩子如何不聽話，老公如何不支持。」當我意識焦點變了，原本樹很好的表達，被我詮釋成「歪理」，於是越發有生氣的理由。

真是難搞啊，當時的自己。我發覺，**原來一個使用威權的人，內在意識焦點與狀態，是如此僵化無助。**

孩子很有趣，樹被我的固執引發了固執，他癟著嘴，委屈著臉，鼓著腮幫子，堅持要我們餵他吃稀飯。平日的我，是最擅長與樹的固執相處的，因為我既頑皮又溫柔，還詭計多端。只要讓樹笑與放鬆，我們母子倆最擅長各退一步，尋找需求交集。而為了讓樹笑與輕鬆，我也會支持自己愛自己的方式，讓自己輕鬆與有創意。

平時，「兩人的愉快和互相體諒」是重點，而當我進入一個想要掌控的威權心識時，「堅持原則」成為重點，其他都退為其次。

把死的管教原則放在最重要的位置時，失去人性的我讓兒子也失去人性，兩人進入一種比誰強的鬥爭狀態。

我忽然可以明白，何以樹的阿祖與樹經常進入衝突狀態。因為一輩子光明磊落認真盡責的阿祖，他挺著胸直著腰，認為他所有對曾孫子的要求與管教都是合理的，都是為他好的。理直氣壯。

而樹這孩子，也是一身傲骨。若有大人拿理念來壓他，忽視了他，看不見他當下的人性。他定也立刻泯滅自己的人性（當然是無意識的），回應以強硬。

三歲的他還太弱，面對阿祖他能有的最大的強硬，就是保持沈默。四歲的他長出了力氣，使用強硬的他，學會做出頂撞大人的行為。（雖然比起菘來，還是溫柔多了。）孩子在我們的支持下，依然敏銳地能意識到無條件的愛，意識到什麼叫做自己的主權。

記得有一回，樹生氣發狠，故意撞桌子，讓桌子撞我。我也立即回應自己的生氣，我大吼著：「樹，你撞到我，好痛。我生氣，我不喜歡你做的事。」這是我帶著強硬表達自己人性的方式。

那時候，樹雖沒有立即柔軟回應，他睜大眼睛看著我不說話呼吸著。不過他正在與他的人性連結，也在心裡感受到他行為上的錯誤。於是我立刻溫柔起來：「你剛剛在生氣，可以告訴我氣什麼嗎？」兩人的關係又和好起來。

那天，我堅持以後不餵樹吃飯，其實犯了大忌，我說了一個自己日後沒把握做到的話（以後不餵他吃飯），簡直是拿大話砸自己的腳。（**我的親職理念第一信條，父母要說到做到。**）那是我自己泯滅自己的人性，我在堅持原則的同時，也正在傷害自己。

我渴望了解平日使用威權的父母，要進入他們。不使用威權，使用人性溝通的我，不認為自己好，而是認為自己幸運。在這個世代，在管教的道路上，選到一條較少失敗的道路。

我很歡喜，在試著了解妹妹的同時，有機會召喚出內在「愛與害怕，驕傲與卑微」的糾結能量，恢復了自己更完整的人性。同時學會以一種更有聯繫的方式，溫柔而堅定地與自己如此複雜的內在同在。

那天我失去柔軟大約十分鐘，然後我意識到自己的狀態。我用工作的理由，逃開與樹的糾纏管教關係。兩個小時後再次見面時，樹衝過來抱我，用一種很親暱的口吻喊著，「媽媽，我想念你。」我也回應他同等的想念，抱著他好一陣子。我與樹有好多好多、一起玩一起說話的好關係，這次對峙的立場，反倒讓我們更想靠近。我明白這樣親密關係的資源，若衝突斷裂的頻率過多，也是會用盡的。

「管教三分，得陪孩子玩七分。」這是引用演講聽到的一份資料的叮嚀。陪孩子玩是關係裡的存款，我與樹的存款是鉅額，經驗一次我的小實驗，於關係無損。

人本的兒童中心，並不是以兒童的理念為中心，而是**以當下兒童的人與情緒為中心，先聆聽，讓孩子處於一個平穩狀態後，再與之討論溝通，而在與孩子討論溝通時，把大人的理念放出來，並同時聆聽孩子的理念。**許多人本工作者，學會聆聽孩子的情緒，以孩子的人性為中心時，不太會表達自己的情緒，也未讓自己的人性完整呈現，因此掉入一種被不以為然的人批判為「寵壞小孩」的陷阱。

是啊，若只有溫柔，沒有堅定的堅持，不是真的人本，也泯滅了自己的人性，的確會寵壞小孩的。

因此，我主張，不是以兒童為中心，而是以當下流動的人性與關係為中心。

同時，使用人性為中心的人，也得更清楚釐清自己的理念，並學會聆聽孩子的理念。而更深的功課則是，能意識到自己的心識狀態，是否被環境勾引出原本自己無法接納的深層人格。

註1：此親職書後來取名，《養出有力量的孩子》，二〇〇七，由三民書局出版。

註2：這可以說是阿德勒的「自卑與超越」，家裡自小在社會位階上有奮鬥，「出人頭地」的心思，成了每個孩子的底層渴望。

權威管教的背後（下）

菘很愛你。所以你好幾次使用「再這樣媽媽就不跟你說話」來當成管教的籌碼，都非常有用。

因為你成功地挑起孩子最害怕的一件事情。孩子永遠永遠，都會期待父母的愛。

清晰梳理出自己的理念後，我回到與妹妹的關係。以下是我寫給妹妹的信：

親愛的玲：

我們倆一起長大，卻一直到生了孩子之後，才親密起來。生了小孩以後，我得到你好多照顧，回媽媽家讓樹與菘一起玩，是我這幾年最快樂的時光。菘是我很愛的孩子，他像我們家族，有活力、衝動且情感豐富。我猜你也很愛樹，他的乖巧柔順是你喜歡的，如同我羨慕菘的勇猛一樣。

那天下午，你認真管教菘。不曉得你是否後來頭痛肩膀肌肉緊張？我跟著你一起投入認真管教小孩的狀態，連我都頭痛與肩膀肌肉緊張了呢！

小時候，你曾經羨慕過醫生家的孩子有套書和玩具，現在，你也給菘好多最棒的玩具。小時候，我最羨慕開書店的人家，現在我也給自己和樹整牆整牆的書。我們好像，在養孩子的同時，也在滿足自己童年的渴望。

我們倆，小時候，都是很乖的孩子。

記得有一次，你因為飯吃不下，偷偷地把飯倒在水溝裡，然後跟爸媽說吃飽了。後來被發現說謊因而被海扁一頓。記得那次爸爸打到抓狂了，羽毛球拍的木桿子斷掉，媽挺身在你和爸爸間，不讓爸爸繼續打你。我們幾個孩子好害怕，在一旁不敢出聲。那次，你學會什麼？我們學會什麼？雖然爸其實很少打小孩，但媽後來幾次說起那件事，還心疼得落淚。

我猜，你現在當媽了，也許能懂當年爸爸的心情。

那天，你管教菘，叫他繼續哭五分鐘時，我其實很心疼，很想擋在你和他之間，讓他能好好呼吸。但是我不敢這樣做，我只是忍不住，用手去順他的背。若我更勇敢一點，其實想要抱抱你，表達我對你的愛。（如果我這樣做，我們倆可能會害羞與尷尬吧！）

我能懂，你當時認為「這孩子這樣，不管教不行。」「他不該破壞大人的遊戲。」「他不該做錯事還尖叫大哭。」我覺得菘是個能量很強的孩子，你一定發現，從以前到現在，你得越來越兇才能鎮得住他。

可是，我還是想，是否有一天，你可以發現，先讓自己呼吸順暢，先讓菘從驚嚇中鎮定下來，再管教，也許不用費這麼多力氣。我猜啊那天，菘是因為羨慕你們倆在下棋，才做出那種行為的。你會說：「說自己要玩就好了，幹嘛打掉人家的棋盤，我們又不是不讓他玩。」是啊，我也不知道一個孩子要長多大，才能學會原來可以用說的。如同菘要學會當你抱旦的時候，不會不愛他一樣。

我有時候管教樹，也會有你這樣的生氣。心裡一直有個聲音「這孩子這樣不行。」我覺察，那是我害怕，「自己教出一個壞小孩」。當母親的我們，真的承擔好大的責任。可是我後來發現，**教小孩，要讓孩子記住我們的話，是在與我們關係好的時候**。

菘很愛你。所以你好幾次使用「再這樣媽媽就不跟你說話」來當成管教的籌碼，都非常有用。因為你成功地挑起孩子最害怕的一件事情。孩子永遠永遠，都會期待父母的愛。

我在工作時，遇到很多青少年，他們表面看起來，「寧可做自己，也不願被父母約束。」那些孩子，真的放棄求取父母的愛了嗎？在我的觀念裡，他們只是把被愛的需求放後面，藏在很深的地方，並沒有放棄（因為他們認為即使放棄自我，也要不到）。他們長大了，他們決定先為爭取自由而用力抗爭。

但每次，你使用自己與兒子的愛，當作管教的籌碼時，我總是捏一把冷汗。

因為，**我們和孩子之間的愛與良好關係，孩子對我們的信任，是他一生幸福快**

樂的根本。

不知為什麼，我對菘有一種比你還多的信任，相信他已經懂事了。只要蹲下來，看見他，尊重他，他已經學會尊重別人，體諒別人。菘的這種能力，比現在的樹還要好。這是你使用強烈的管教方式，已經成功地教給他的。而我建議，你開始改變管教方法，用更柔性一點的方式，這會支持菘的成熟，繼續往好的地方發展。我是擔心，你不改變策略，堅持現在很兇的方式，得越來越兇才夠力呢！

每個孩子的成熟有不同的階段，父母也可以用不同的管教階段。

我在跟你學堅持，希望你也跟我一起學放鬆。

有一個妹妹同時生孩子，孩子們可以同時長大，真好。

二〇〇六年九月十四日，很珍惜有你的姊姊

被吐出來的獎賞

我問：「你知道為什麼我要管你用腳伸到旦旦前面的動作嗎？」

「不知道。」小男孩愣愣的。

「因為，媽媽希望你學會怎麼去愛一個人。因為媽媽認為學習去愛，很重要。」說這話時我很真心，甚至有點淚水。

這答案讓樹臉上發光，眼睛發亮，他變得愉快極了。

心智成熟而心又依然稚嫩的樹，經常是管教法的敏感測試者。自小，他是一個被聆聽長大的孩子，在我們面前，他很能表達他的感受。自小，他也是被尊重長大的小孩，所以他清楚他的界線與權力，他無法回應權威式的管教。自小，遇到衝突時，我們陪他一起想辦法，所以他有彈性，也知道互取所需的道理。

而我們家，孩子幾乎不使用「行為法則」，也就是一般人會在孩子表現好的時候給予稱讚或獎賞，會在孩子犯錯時責罵或懲罰。

我們不認為孩子需要順著我們的心意，所以無論他做了什麼，我們都試著了解他，也協助他了解自己。無論孩子做了什麼，對我們有不好的感受與影響，我們表達出來，把握住成人的權力後，把選擇權交給孩子。在孩子無能力選擇的情境時，則使用父母權力，說：「這裡我決定。」

對我們而言，選擇意味著權力，同時也意味著負責力。當孩子有能力承受並改變行為的後果時，表示孩子有負責力，也有了選擇權。

某天傍晚，我們帶兩個小孩到公園玩。穿涼鞋的樹，一直嚷嚷著要回去換球鞋，因為他認為球鞋跑起來比較快，他想要練習跑得更快。我心裡想，這是個要求，因樹無能力自行回家，所以，這屬於我們倆的決定權。

我說：「媽媽同意你，跑很快很重要，但是，還有一件事，媽媽認為比跑很快更重要。那就是彈性。」

什麼是彈性呢？說個故事。今天中午我們一起吃完飯以後，爸爸要帶旦旦出門然後去工作，媽媽要回家寫字，結果，等電梯到了五樓，媽媽才發現身上沒鑰匙！但爸爸已經開車走了，我有什麼選擇呢？

打電話叫爸爸回來？可是沒有手機；跑去追？可是我腳上穿著木屐。怎麼辦？等電梯從五樓下來以後，媽媽就穿著木屐騎上腳踏車，去追爸爸的汽車……我說了自己如何追三個路口而追上的故事。我說，這就叫彈性。

展又補充，旦旦沒彈性的故事（這故事讓樹很開心）。展說旦旦如何一路哭媽媽，只要媽媽，不要爸爸，也不要阿嬤的故事。說完之後，我們說：「所以呢！因為媽媽認為彈性很重要，在這公園還有好多可以玩呢！穿涼鞋也可以練跑步啊！我們不想帶你回家換鞋子再來。」

樹接納了。他開始玩溜滑梯，玩一玩，他跑來說：「媽媽，我沒有彈性，但是我有忍耐。」哈哈！我笑得很開心，忍耐也是個好東西。他接著玩樹枝，玩泥土，玩看火車。

使用如此的教養方式，讓我回想起，之前的兩天發生的事，我不是這樣的時候，發生的結果。那天吃晚飯前，樹要求：「媽媽，我晚上可以吃小王子麵嗎？」（零食，乾吃的小包王子麵。）

我說：「如果你今天晚餐吃很多，那我就給你兩包；如果，你吃得跟平常一樣多，就給你一包。如果，你吃很少，那我只能給你半包啦！」這方法得到展的認可，他也覺得很好。樹也很高興。

晚餐是半隻烤鴨，加上小黃瓜涼拌，還有冰箱剩的炒飯。烤鴨夾餅樹愛吃，他吃得很快，很快，不吃肉的他，愛吃夾餅以及甜麵醬，連鴨肉也一起覺得好吃。他呼嚕呼嚕快速吃了好多，忙著照顧旦旦的我，甚至來不及算他吃了幾片。吃完，他立刻要求小王子麵，我先給他一包。

玩著玩著，兄妹倆混在彈簧床上，樹假裝與旦旦玩足球，卻老是伸腳到她的前方，絆倒她，旦旦又尖叫又大哭。我煩了，說：「如果你再做這動作兩次，就沒有小王子麵啦！」一下子，樹犯滿兩次，小王子麵被取消，他開始有哭泣的表情。

「為什麼我沒有王子麵？你答應過我的。」他試著跟我爭辯。這時候我才清醒，我使用了兩次小王子麵來控制他朝向我的渴望，一次是獎賞，一次是懲罰。於是，我們之間很自然地出現關係的對立與疏離。

展與我正色坐好，認真對樹表達：「我們不喜歡你……」大約五分鐘的表達與聆聽，還有討論。

中間樹還嘗試否認，「我沒有用腳踢旦旦，是零次。」

後來樹說：「有，我有把腳伸到旦旦面前，大約十次。」

我們的共識是：「如果旦旦想要和你玩足球遊戲，那就沒問題，你要觀察，旦旦的表情是不願意的，那麼你要停止讓她不舒服的動作。」如此投入關係的對話，讓樹充滿愉悅感。

結束後，我問：「你知道為什麼我要管你用腳伸到旦旦前面的動作嗎？」

「不知道。」小男孩愣愣的。

「因為，媽媽希望你學會怎麼去愛一個人。因為媽媽認為學習去愛，很重要。」說這話時我很真心，甚至有點淚水。

這答案讓樹臉上發光，眼睛發亮，他變得愉快極了。「我今天不想吃小王子麵了。」

到了凌晨五點，樹突然站起來說，我要吐了。他在床邊吐了一地。

我們檢視吐出來的內容物，大部分是無法消化的鴨皮與鴨肉。他吃太快了。隔天上學前，他起床拉肚子，發燒了。不曉得是不是腸病毒，我們得帶他去檢查才知道。後來確定沒有腸病毒，是一般的腸胃中毒。

我這樣命名此事件：「吐出來的獎賞」。

我用小王子麵作為獎賞，鼓舞他多吃一點，反而讓他狼吞虎嚥，忘記健康的細嚼慢嚥。我用取消王子麵作為懲罰，想要制止他做出傷害妹妹感情的行為，反而惹來他的反彈哭泣，心裡認定我們不公平。

嘔吐與腹瀉的象徵語言是：「他要排除一些不要的東西。」**我使用獎賞與懲罰，想要輕鬆地控制孩子，達到我要的目的，但樹卻不要母親對他的控制。**

我，這樣為自己祈禱著：

親愛的天父地母，請讓我更有覺知，在自己想控制孩子的時候。

親愛的天父地母，請讓我更清晰與專注，在每個與人互動的片刻。親愛的天父地母，請讓我可以更自由地愛自己，當我累壞了想休息的時刻。如果，我想要使用獎賞與懲罰，那是因為我累壞了，我需要被照顧。而我，卡在媽媽的角色堅持，無法自由地珍愛自己，於是，我想要偷懶，懶得與孩子真實溝通，以為可以使用行為控制術。

親愛的天父地母，請讓我更自由地卸下母親的角色，信任孩子也是個會照顧自己的個體，信任當我先愛自己，照顧自己，對大局而言，是更健康而平順。

親愛的天父地母，請讓我有更多的機會學習去愛，學習成為愛的本身，讓本質的愛，更自由地傳遞出來。

註：樹五歲又兩個月。

難搞與恭敬

這時，樹用澄澈的大眼睛問：「為什麼？為什麼你跟昨天差那麼多？你昨天對我那麼好，今天對我這麼兇？」

樹，有些時候天真爛漫，美好；我，有些時候愉快溫柔，美好；樹，有些時候專注遊戲，積極；我，有些時候專注工作，寧靜；樹，有些時候執著固執，難搞；我，有些時候霸氣兇悍，難搞。

這裡要說的，是我們倆難搞的部分。有兩次，樹和我陷入膠著，我一點都不想柔軟對待。

第一次：早上上學前他在沙發窩著，拿了棉被裹身體；白天，我收拾房子，把棉被收回床上。他一直沒發現，直到他想起早晨溫暖的記憶，找不到棉被而大驚、失落，於是他跑到浴室（我正在泡澡）找我：「媽媽，你要答應我以後一定不可以把沙發上的棉被拿走。」

泡澡的悠閒被他的理直氣壯打擾，於是我更理直氣壯：「棉被的家在床上，不是沙發，我不會答應你。」他的理直氣壯背後有著受害人的權力，我的理直氣壯背後則是權威者意識。

他堅持要我答應，我堅持沒這回事，於是我們拗上了。後來他大哭，我卻一點都不想理他。事情後來很簡單，我請老公陪他，自己摺衣服去。

展那晚很溫柔，一下子，樹就恢復安定，我與樹也在半小時後恢復關係，棉被的事，有一種沒說出來的默契。

這件事，被我標定為：「第一次搞不定。」是啊，樹的脾氣真是拗，但我一直能柔軟相向，樹一遇上柔軟，就很容易溝通，這一次我難得無法與樹溝通。

第二次：晚上九點左右，老公兒子女兒都玩得很開心，家裡一片狼藉（展與樹迷樂高，超可怕的繁雜小物），晚上，很累了，催促大家的我，說話大聲一陣子了。

我要樹把自己的髒衣服拿去洗衣籃，樹說：「不。」

我說：「那我以後就不會甘願幫你洗衣服。」

這時，他用澄澈的大眼睛問：「為什麼？為什麼你跟昨天差那麼多？你昨天對我那麼好，今天對我這麼兇？」

我一下子停頓住，**樹真誠的好奇療癒了我**，我看見自己霸道的樣子很害羞，但僵硬的皮膚，一下子無法表達內心的柔軟，於是，我說：「把衣服拿去，等一下回答你。」

孩子的透明直接，讓我照見自己。我跟他說：「家裡穿衣服有誰？」

孩子回答：「我、旦、你，還有爸爸。」

我說：「那家裡洗衣服曬衣服摺衣服有誰？」

孩子回答：「只有你一個。」

我說：「對。如果我感覺我們相親相愛，互相合作，我很快樂，就不會生氣。如果我感覺，大家都在玩，只有我一人不能玩，我就會兇兇的。」

孩子說：「所以我們要一起幫忙，對不對？」

真是滿有意思的，我們倆互動的樣子。

自從那次以後，我計算一週內，自己在晚上九點左右發脾氣的次數有三次，於是我開始跟自己說：「以後九點一到，逆行三焦經方向順經絡。」三焦經，是主管過度興奮焦慮或防衛的經絡，每晚九至十一點運行，當三焦經過度活躍時，容易陷入防衛式的焦慮模式。

我覺察，家裡的家務或上床進度，在晚上九點左右，最讓我焦慮。我彷彿不再能與中心合一，而毛躁地將精神集中在外在世界看不慣之處，於是，感受到自己過度承擔的沈重與委屈，所以才用霸氣的方式大聲說話。

在傍晚，全家紛紛再度重聚，感受歡喜的相愛感，但到了九點左右，也許會因為我的脾氣，而逐漸消失，變得緊張尷尬。說做就做，我開始乖乖地，九點一到，就幫自己順經絡。

三焦經焦慮紓解，版本一：

兩手掌放在太陽穴，順著耳後髮際處往下按撫一直到頸肩交界處，三次。然後右手壓住左肩，肩頸交界處（肩膀上），用力往下拉，甩開，三次。接著換手，同樣做三次。

三焦經焦慮紓解，版本二：

直接用右手掌，從左太陽穴開始，沿著左耳後方髮際處往下順，繞過脖子肩膀走手臂外側往下，一直順到手臂上的無名指出。三次，換手同樣動作，也是三次。

這個動作，是告訴三焦經，慢慢來，慢一點，不用過於激動，我在心裡跟自己說：「沒關係，現在很好，沒事。」或者，**跟自己說：「我優雅而從容地面對所有的挑戰，再多的困難我也沈定而愛自己。」**

這樣難搞的我們，和好後，有一種直來直往的默契。我們一家去爬山的早晨，愉快的旅程走到一半，樹忽然彆扭起來：「我忘了帶我的恐龍。」（他出門前帶的恐龍布偶。）

「我說要帶到山上來的，我沒有說不要帶。」於是，他為著一個無法改變的失落，大大懊惱起來，就在無人的山頭小路，他懊惱地哭泣。

牽他手爬山的展問：「老婆，你來，還是我來？」於是我將手上的旦交給展，蹲下來陪樹說話。

我說：「我們來謝謝天地吧！」說完我逕自說起來：「謝謝天地，今日招待我們上山。」「謝謝天地，今日讓我們遇見兇狗，也平安無事。」

「謝謝天地，讓樹剛剛很開心地走上來。」

「謝謝天地，讓我們今天體力不錯，越走越平穩。」

「謝謝天地，讓樹想起他的恐龍沒帶，所以哭哭。」

「謝謝天地，讓樹傷心哭泣時，媽媽溫柔在這裡。」

說完，我拉著他的手說：「走吧！」樹平靜不哭了，我們一起繼續前行。

若是前幾週，相似的時候我會說：

「樹，你看，我們今天到山上來，山招待我們耶！我們都還很平安愉快啊，你忘記帶恐龍的事，哭也不能改變，放掉它吧！」

這樣的勸說，在樹身上是無用的，他會更執拗。**我覺察到，當我勸說時，透露著對他現況的不接納。**而我，以謝天地的姿態，感激一切的發生，包括他能哭泣，於是，有一種恩寵降臨在我們之間。下山時，因台階青苔溼滑，我滑了一跤，第一瞬間我哎喲一聲，心裡說的是，「真好，我沒抱著旦。」

休息時，樹靜靜的聆聽，他說：「媽媽，我聽到樹在說話喔！樹在說：他很高興招待我們，他也要謝謝我們來。」

在山的出口，我們三人對山敬禮，「謝謝招待。」我們一起對天地恭敬。

我們倆，都有彆扭固執難搞之處，樹愛哭與展愛生悶氣很像，我愛生氣則遺傳成旦的直接猛烈，一家人相恩愛相擠壓，本是日常的自然，但若某些環節卡久過不去，還真讓人氣餒。

恭敬，原來是面對難搞的良方。

對自己的身心恭敬，順經絡的手溫暖傳遞自我照顧；對天地恭敬，即使遇到兇狗，那就換一條路走，樹哭泣彆扭，或我跌跤受傷……不也都可以說謝謝嗎？

註：樹四歲九個月。

堅持放手

我離開，樹哭得更慘，跑過來抱我大腿。

我蹲下來，「樹，你可以黏著我沒關係！你還是要學自己穿褲子。」

旦旦再兩週就要出生了，深夜我們倆開車時說了個默契——要更認真養成樹生活自理和服從的能力。

樹長得像我們，會說話愛看書愛思考愛說感覺，但社交低能，群體生活上雖說真性情，但也顯得封閉，如同我們夫妻倆，在社交上的低調，在生活上的簡單。

我和樹兩人在家過日子，他說要大便……坐在馬桶上一下子又說：「不要便了。」

他說：「肚子裡還有便便，可是我要起來了。」

問他為何，他說：「馬桶太冷。」

我一下子被打敗，我耐心說明：「肚子裡的便便此刻沒出來以後還是得出來，現在面對最省事了。」的嚴肅討論。但小人兒屁股一翹就下來了，我也只能替他擦屁股。

在穿內褲時，我說：「樹可以自己穿了。」

他哭：「可是我不會啊！」哭到傷心處，眼淚鼻涕全出來。

我看了覺得好笑，但心裡堅定：「樹，你不會沒關係，你學得會的。」「你先蹲下去把褲子撿起來，媽媽教你。」

他固執地站著，繼續哭「我不會。」

身體黏在我身上很依賴的樣子。我在心裡思索，「什麼是內控？」「怎麼樣能堅持又鼓勵？」於是我說：「樹，你可以決定繼續哭……等你哭夠，把褲子撿起來。媽媽不會改變心意的。」

「爸爸……」哇！兒子開始哭起爸爸來了，幸好昨夜我們有默契：「樹，這是爸爸媽媽一起決定好的，要教你學會照顧自己。爸爸來了也一樣喔！」

我繼續柔軟地說：「樹，媽媽忽然這樣堅持，你不喜歡是嗎？」

「對！」他哭著大聲說。

「媽媽還是會幫你，但你要先自己幫自己……」

他繼續哭。我失去耐心，幾乎生氣。於是我衡量自己的耐心：「樹，媽媽要去洗衣服了，你想好以後自己拿小內褲過來，我教你穿。」

我離開，他哭得更慘，跑過來抱我大腿。

我蹲下來，「樹，你可以黏著我沒關係！你還是要學自己穿褲子。」

後來樹不再跟來，我獨自到走廊洗衣服。哭聲在不遠處持續又間斷。

過一會兒，他跑過來，哭著並嚷嚷：「我要，我要！」語氣堅定地。

我蹲下來問他，「你要學自己穿褲子嗎？」

「對！」兒子堅定的說。

於是，我們倆回到浴室，很簡單的，樹自己穿好內褲、穿好外褲……幾乎像是已經會的孩子。然後他立刻笑了，開心的和我擁抱。

「媽媽，我要去玩樹的房子。」剛剛的情緒像是立刻不見了。房間裡，他自己玩著，我在走廊摺衣服……孩子從窗口探出頭來，伸出小手：「媽媽，我的手冰冰。」我用我的大手握住他的小手。

樹說：「媽媽，你的手這樣包起來，好溫暖喔！」

我捧來溫暖的馬克杯，教他捧住杯子暖手，他說：「媽媽，這一點點煙是溫暖的……很多煙的時候是燙燙的……那沒有煙呢？」

「涼涼的。」我笑著回答，孩子在複習我昨日教他的分辨水暖水燙的原則。

兩人對此刻的親密有一種特別溫柔的珍惜，**我反省剛剛差一點用撤去愛的方式，來作為管教的籌碼了！**後來我抱著他，詢問剛剛發生什麼事。樹略去我不理他的情節……強調，「然後我就自己穿好褲子了。」

寫這文章時，我依然檢討自己的管教，**因為太喜歡陪孩子所以一直為他做太**

多，某種程度，我覺得自己剝奪孩子練習成熟的機會。相較於同年齡的孩子，樹在認知部分超齡，但對生活自理的信心，還算滿弱的。

早上當他自己穿上褲子時，臉上有一份真心的喜悅。展和我自小，也都是被照顧過多、萬分依賴母親的孩子，而我們生活與社會的低能，也就一直帶到現在。

放手，也是一種練習。而成為父母的我們，是否也放掉了對父母的依賴，真的成熟了呢？

三個人輪流吵架

鼓聲對峙了好久，兒子終於哭了，趴在爸爸胸口，大聲說：「大聲！我要你大聲。」

爸爸則柔聲微笑的說：「樹想要爸爸大聲打鼓鼓是嗎？可是爸爸喜歡小聲打鼓。」這柔聲聆聽讓兒子更顯委屈，哭著的聲音執著起來。

某個晚上，我們一家三人之間，發生了三起爭執：分別是父子、父子、夫妻。而有趣的是，置身事外第三人的心情穩定反倒是解開雙人爭執的關鍵。

第一起爭執，是父子關於電視的爭執。

爸爸說：「用聽的。」

兒子說：「用看的。」

兩人一來一往，越來越大聲。

媽媽本來在一旁悠哉地看書，後來說話了：「樹，媽媽認為你今天在阿嬤家看太多電視了，所以媽媽覺得現在用聽的滿好的。媽媽和爸爸的看法是一樣的。」

於是兒子說：「好，用聽的。」

第二起爭執發生在隨後。父子倆很快樂地邊聽電視邊打鼓，家裡四個非洲鼓，一個玩具小鼓，大小男人享受在鼓聲的節奏裡，兒子還邊打鼓邊跳舞……這時候，悠哉看書的媽媽忽然聽到節奏裡有著不和諧，轉身看到爸爸輕輕敲鼓，兒子則僵立不動，欲哭的氣悶著，一次比一次用力擊鼓，失去了節奏感，眼睛盯著他老爸直視。

我停下來，觀察爸爸還是帶笑而輕盈的，兒子則越來越凌厲的氣勢，鼓聲越來越大聲。

我喜歡孩子的意志力，與父親旗鼓相當的勇氣，於是停下書來靜靜觀看。鼓聲對峙了好久，兒子終於哭了，趴在爸爸胸口，大聲說：「大聲！我要你大聲。」

爸爸則柔聲微笑的說：「樹想要爸爸大聲打鼓鼓是嗎？可是爸爸喜歡小聲打鼓。」這柔聲聆聽讓兒子更顯委屈，哭著的聲音執著起來。

我聽見老公聲音裡的真摯，也聽見兒子聲音裡的氣餒和挫折，於是詢問我可否插手？

我把兒子抱到懷裡，他一下子大哭起來，我溫和大聲堅定的說：「樹，你可以決定要大聲，爸爸也可以自己做決定。」我說了兩三次，孩子似乎聽到了，哭聲變小……一下子則又委屈地（我形容被逐出伊甸園的幻滅）嚎啕大哭，但身體是柔軟的。

「要喝奶嗎？」爸爸問。孩子激切地答應，接手爸爸泡好的奶，滿足喝將起來。世界又恢復和平。

樹喝完奶，又自己玩起來，這時另一場戲上場了。

我提了家裡太亂的意見，展同意了。我說我們一起來整理吧！展也同意了，我說那你可以答應我物歸原處嗎？展發火了，他說這要求不合理，於是我們倆爭論起來。

過了一會兒，在一旁唱歌的樹過來賴我：「你們兩個在說什麼？」

我轉頭說：「爸爸媽媽在吵架，你再唱一次歌，我們可能就吵好了。」

他唱歌又跳舞，我們倆繼續吵。

他說：「我唱完了，你們還要吵嗎？」

我說：「嗯！我們還沒吵完。你呢？」

小人兒說：「剛剛我和爸爸吵架，吵了兩次。」「一次，我要看電視，爸爸要聽電視，後來我就可以用聽的。」「第二次，我要大聲，爸爸要小聲，現在我可以小聲打鼓了。」「現在，媽媽和爸爸吵架，樹沒有吵架。」說完他拿起鼓棒輕輕打鼓去了，我們都忍俊不禁地笑了。

我們兩人的吵架勢均力敵的繼續，沒有壓抑的情緒，也沒有轉移的指責，各堅持一種立場，試圖互相和解達成協議，這其實也是很美的互動，孩子的開心烘托出這和諧的對立。

快結束前，我看看樹還在玩，問他：「爸爸媽媽快要吵完了，你好嗎？」小男孩說：「我沒有吵架，我心情很好！」是啊，那是個心情滿開心的晚上。

我要在此為三個人喝采。

為展喝采，因為他外表越來越強硬而兇狠，同時內心越來越開放而溫柔。

為我喝采，因為我更能涵容自以為的失落，多一點接納兩人的相異。

為樹喝采，因為他能堅持，也能放手，能在父母爭論時擁有自己的快樂，還給我們許多溫柔與會心的可愛。

註：樹兩歲七個月。

敬重男性面對痛的模式

我僭越了界線，管起老公來。

我對老公說：「面對兒子的痛，不要逃。」

睡前，展爸和兩個孩子在床上玩得野。他們玩槍，能發射出泡棉子彈的軟性武器。

據說槍在展爸手上時，樹又想玩又怕被打到，用枕頭遮臉但又不時冒出頭，然後就被槍打到了！打在身上沒啥威力的子彈，卻近距離射到鼻子，讓樹痛得大哭失聲，他直哭：「好痛！」

正要去洗澡的我，聽聞哭聲轉回房間，我感受到那哭聲裡純粹在說「痛」（沒有指控或傷心能量）。這時候展仰躺著大笑，也許剛剛的情境真是太出乎意料了，但我還是期待他能停止好笑，主動照顧兒子。

我直說：「來關心樹吧！」展爸卻轉而與女兒親密。

我說：「女兒交給我，你來關心兒子吧！」展爸跑到兒子面前，雙手遮掩著臉，不知如何是好的表情。

我僭越了界線，管起老公來：「面對兒子的痛，不要逃。」我開始陪伴樹，樹有一種過度哭泣的傾向，我用手心碰觸他的後背，在心輪後方，邀請樹專心地呼吸，感覺自己的呼吸，和痛在一起，不要逃開。我請樹感受心中的小太陽，用自己的手摸摸會痛的地方。

我說：「**現在的勇敢，就是用愛與自己的痛在一起，感覺呼吸然後把痛吐掉。**」

我心裡很想跟展爸說：「你現在的勇敢就是，關心兒子的痛超過關心自己犯錯的焦慮。」

然後我去洗澡了，幾分鐘不到，父子恢復超級親密，又玩起來。男人們似乎有他們神祕的運作方式，其實不是當母親的我真能懂得。

這事件，反映什麼？我看到自己，一點都不可愛地當老婆，不只當兒子的媽，還當丈夫的媽。我看到自己，無法接納男性面對痛苦或犯錯的習性，堅持要改變自己的丈夫。

這裡有文化差異，而我似乎堅持自己的文化是好的。男性玩得很野時，就是痛也咬著牙還擊，哭是會被笑娘的……而女性的我非常關懷柔軟與痛楚，在痛點停留並給予關注……

現在寫到這裡，想像，樹若長出男人的野樣子，我會很讚嘆！而我卻界限不清，管到老公身上的自己，我讓自己帶著愛注視那樣會犯錯的自己。於是我為自己祈禱：

親愛的神性母親：

我感受到自己內在的母親能量，**想要照顧所有的人，想要事情都在愛的流之下**

被觀照著……這「所有」與「都」是我的陰暗面，讓我忘了尊敬丈夫的獨特性，請讓我用管教他內在小孩的方式來與他互動。

親愛的神性母親，請用你無盡的寬諒與愛，支持我學習在婚姻互動中，敞開一個空間，讓男性的面向可以自由在這個家出現，即使是男性的暴力面向、嘲諷面向，或關注自我超過關心別人的面向……讓我能用敬意與愛，與這些面向同在……

於是，我能給出一個場域，讓這些面向有機會轉化與整合；讓我們這個家的空間，逐步擁有更豐盛與多元的愛的芬芳，讓女性與男性，各自擁有一方空間，流出它的能量；讓女性與男性，能因相異而吸引、互補有無、融合與共舞。

註：樹五歲八個月。

月亮與太陽

月亮與太陽說的是孩子在母親與父親之間，女性與男性之間，不同教養風格的來回。五篇文章，裡頭有許多女性面與男性面的教養風格對比。

展爸的反思

我對樹說：「樹，你今天好頑皮喔！」他有些羞赧，不好意思。

我說：「樹，我喜歡你，也喜歡頑皮的你。頑皮是沒關係的。」

「喔！為什麼？」小男孩有些驚訝。

我預計幫樹跟學校請兩天假，因為阿姨外婆要來新竹會合然後一起出去旅行。後來事情生變，臨時決定延後一天中午出發。於是，工作量很多的我，心念一轉，想說可以偷到半天時間耶，我好想送兒子上學去。於是前一天就跟樹商量，去上半天的課。樹爽快地答應了，還準備好書包，裡面有他想帶去學校分享的玩具。

隔天一早七點多。朦朧中我聽到樹和爸爸在對話。

「爸爸，我今天不想去學校。」樹輕聲說。

我聽到展想辦法用策略，好說歹說，像是，現在立刻去，十點回來啊！或……

後來聽到樹說：「不是說好我今天請假嗎？我不要去學校。」原來的輕聲細語不見了，轉成強硬的語氣。

八點十分，旦也起來了，家裡一片熱鬧與混亂。

展還沒放棄他的嘗試，我對樹說：「媽媽跟你說，本來講好今天請假對不對？但是因為阿姨還沒來，所以爸爸媽媽想偷時間工作。如果你去學校，我們就可以多做一點事，那我們會很快樂。如果你不去學校，媽媽會少一點快樂。」

樹恢復請求的輕聲細語：「我今天想要當個頑皮的孩子，好嗎？」

他的柔聲，讓我想起前一陣子，我們母子的對話。

黃昏的時候，我對樹說：「樹，你今天好頑皮喔！」他有些羞赧，不好意思。

我說：「樹，我喜歡你，也喜歡頑皮的你。頑皮是沒關係的。」

「喔！為什麼？」小男孩有些驚訝。

「大人不是不喜歡頑皮的孩子嗎？」他問。

我說：「我喜歡頑皮的你，也喜歡不乖的你。你不乖或頑皮的時候，我會覺得很麻煩，有時候，我也可能會生氣。如果我生氣了，表示是我做不到保持好心情。你要記住喔！**即使我生氣了，心裡還是愛你的。**媽媽喜歡頑皮的你，媽媽還會想辦法喜歡不乖的你。知道嗎？」說完了，看樹一楞一楞認知衝突的樣子，我安靜不再說話。

過一會兒，我喃喃自語：「不過可能很多大人跟媽媽不一樣吧！」

所以，當樹柔聲說：「媽媽，我今天想要當個頑皮的孩子。」讓我動容。是啊，我的話他聽到了耶！他在練習頑皮，明知媽媽會不快樂，還是要堅持己見。更何況，我們早答應他今天請假的。

於是，我爽快地說：「好啊！」（我處理上述記憶和做決定的內在歷程，用不到一秒。）

我支持老公想出門喝咖啡寫字的心情。我跟老公說：「你趕快出去吧！我們分工，等一下你回來我們交換。」展帶著感激出門了。我和小孩，在家裡開心玩玩玩。

玩得正開心時，我問樹：「你知道爸爸剛剛生氣了嗎？」

「知道啊，看他的表情我就知道了。」小男孩說得斬釘截鐵。

「那你知道爸爸生氣什麼嗎？」我好奇。

「知道啊，因為我不要去學校啊。」小男孩一臉清明。

「那你知道為什麼你不去學校爸爸會生氣嗎？」我更好奇。

「嗯，我不知道耶。」換小男孩好奇了。

「媽媽猜，爸爸是因為你昨天說好要去學校，然後做不到吧！」

「嗯，我想起巧虎裡面——大野狼也會說到做到耶！」小男孩仔細地回顧他看過的故事。

「媽媽說過，『人而無信，不知其可。』一個人能說到做到，是很重要的。」

我心生感觸。

「對啊！」小男孩輕鬆的說。

旦搶進來，塞到我和樹中間。我們倆都笑了，有個這麼可愛的妹妹，早上為樹上不上學，又鬧了一回。

展喝著咖啡，反思早上與孩子的互動，底下是他書寫的自我省思：

樹喝著奶時，我想送他上學，叨叨提供兩個計畫：一個是早去幼稚園早回家（用玩教具、提早接他來吸引他），另一個是晚去晚歸（這個聽起來比較不好玩），我要他選一個。

他翻身而起：「今天要請假，不要去幼稚園！」（兩個都不選，自己挑一個最爽的。）

然後，我從有耐心勸說（希望他為我著想），到疲憊無力（不知如何安置我自由的渴望……「孩子，你得上學，我才能自由呀！」）到大聲指責性發話（談好的事，突然變卦……你不守信用）發怒時，我知道說了事情也不會好轉，但就是一股氣（不甘心自己的憋，事情就落幕了）。

現在才明白：**當我「迫切想要影響」他，心裡其實是想要「改變他」，我走的**

是大部分父母習慣「外控」的老路——用策略、談判、拉扯，來達成「我所欲」。最後即使傷害他，都「理直氣壯」，要樹去幼稚園只是堅持「自己一個人」的理，而非與「他的理」溝通，**沒有「同理」，也沒了解孩子。**

我喜歡老婆的介入，她對我說：「你想出去，就走吧！到時候我們交換。」（於是，我能跳開干預孩子的執著與挫折。）

是的，我喜歡老婆單純地跟樹表達：「爸媽需要時間，因為工作做不完；你喜歡我們快樂嗎？」當她問兒子：「你喜歡我們快樂嗎？」樹低聲說：「不要。」她也沒情緒，就接受。

是的，我承認我用錯方法了。我太以為自己可以影響樹，可以說服，控制，干涉樹的喜好，選擇，生活……推薦我的1，2，3，4……策略，完好每個人的需求（尤其是我的需要）。我回想起Glasser（註1）的提醒：**你無法永遠控制另一個人的想法與作為，你唯一能影響的，是你與他的關係。當關係越好，對方越有可能願意站在你的角度，為你著想……剩下的，你都只能接納。**

那就是「內控」，在界限清楚下尊重兩個人的意願，當彼此衝突時以關係為前提。

根據這原則，**我最能做的，就是為自己的需求發聲**，例如：「爸爸好想快快有自己的時間，請你幫忙。」如果兒子不幫忙，我就找老婆商量，看我們如何面對。

我沒想到的是，在樹四歲三個月的同時，我還要再一次放下這麼多的期待：他不是個小大人、小幫手，他不一定會成為我的同盟，他有時沒有意願與我共同合作，他有當個小孩的需要，他需要多一些耐心，允許他嘗試「任性、偷懶與取巧」。

我願意選擇「內控」：不懲罰、不責備、不評斷、不嘮叨、不批評與不灰心喪志。並盡力創造「聆聽與支持性的互動」，也練習接納所有處境。因為，屬於我們最完美的解決方案，並不一定在我的腦袋裡。

以上是展的日記，一個諮商心理師父親的省思。

女性的我很自然地就停留在關係與感情面，不使用控制策略，而就是**單純地信任孩子被聆聽到有能力後，就可以學會彼此體貼。**看到老公的反思，讓我了解男性文化「在人際中使用控制策略」的背後，有一份文化的老習性。能反思自省的爸爸，對兒子而言，特別珍貴。

註1：Wiliam Glasser，心理學，現實治療法的創始人。

註2：樹四歲三個月。

大聲阿祖與小聲樹

留著長髮的樹說：「別人都說我是妹妹，我覺得怪怪的，因為我是男生啊！」

於是我陪他討論要怎麼回答。當別人說：「小妹妹，你好可愛喔！」他能大聲回答：「我是長頭髮的漂亮弟弟啦。」

某天，我們三人到阿祖家吃飯。飯後樹想看他的《鬼太鼓》DVD，他對著空氣說：「我要看打鼓。」

大家紛紛要他問阿祖。一下子樹彆扭了不想問，找阿嬤，找我，找叔公……嚷嚷著，樹要看打鼓，他就是不想看著阿祖說。

一旁的阿祖則沒事人似的，臉上露出大大的微笑，不介意地守著他的新聞節目。

我抱著樹到一旁說悄悄話，樹表達要我跟阿祖說：「媽媽你說就不一樣。」我還是喜歡孩子尊重長輩，要他自己說。理由大約是，阿祖喜歡聽樹說話等等。周遭的氣氛是放鬆的，樹的情緒有我穩住，他溫和不哭鬧……阿祖有晚輩挺著，掌握電視大權也心滿意足，我沒說任何責備樹的話。

後來《鬼太鼓》沒看成，開車帶樹回家，路上與他閒聊：「你不跟阿祖說，是怕怕嗎？」

「樹不怕阿祖！」小男孩大聲說。

「那你有生氣嗎？」我問。

樹沈默著，想了很久說：「沒有。」

我百般尋思，猜想孩子的心思。「樹，你不說是在跟阿祖比賽嗎？」

「對！比賽，樹在跟阿祖比賽！」孩子像是找到用詞得到力量，說話變得響亮。

Bingo！！原來是權力競爭啊！想起阿祖臉上勝利的微笑，心裡覺得真好玩。家族的大長輩和備受關懷的曾孫子有競爭關係。

於是我問樹：「如果你跟阿祖說，然後阿祖讓你看《鬼太鼓》是誰贏？」

小人兒答：「是阿祖。」

原來他的心這樣想著，一開口就有了權力歸屬的味道了。能與一家最有權力的男人對峙，這孩子正在學習感受力量。

想起他一直央求我幫他說，於是我問：「如果媽媽跟阿祖說，阿祖讓你看了是誰贏？」

「是樹贏了啊！」小孩的邏輯真是奇特。

我知道樹卡在一種搶玩具，或輪流玩玩具的人際模式。我得找更大的框架才能鬆開這卡住的鬥爭。一瞬間我也明白了，由於阿公不在，沒人挺樹，反倒阿祖不生氣，也不出聲責罵人。

公公出國旅遊去了，以前他在的時候，樹一開口，阿公就幫忙轉電視。阿祖沒說什麼，而且也會跟著孩子看卡通，可是接下來就會挑剔這曾孫子，類似頭髮太長或說話太小聲之類的。今日阿祖的微笑，雖然有些孩子氣，但基本上對家族系統是穩定的。而我關心的重點則是，樹如何跳脫爭奪權力的模式？

於是我問：「有沒有可能，樹自己開口，樹就贏了？阿祖給樹看《鬼太鼓》，也算阿祖贏了？也就是，有一個辦法，讓兩個人都贏？」

樹想了很久，大聲說：「有啊！」

然後他自發的跟我說：「樹明天又會長大一點點，就可以大聲跟阿祖說話了。」

原來，小人兒怕開口，因為一開口就會被嫌聲音小，他覺得這叫做輸。

某天，婆婆說：「樹跟你們在一起好愛說話，在阿祖家都不說話。」我想起樹在阿祖家孤單驕傲緊抿的嘴唇。

婆婆又說：「阿祖以為樹不會說話，但是上次中秋節跟你們一起出去，他很驚訝樹那麼會說話。」原來中秋出遊時，阿祖的沈默是側耳聆聽啊。

祖

樹的主要自我認同是「很棒的小孩」，當阿祖不用這個眼光看他時，樹其實是不知如何表達自己的。在阿祖嚴格的要求下，樹覺得自己老是不夠好吧！

不曉得樹在阿祖的眼光下，能長出什麼樣不一樣的自我認同？最初由於阿祖說話大聲、直接、讚美又少於挑剔，樹學會了不開口就沒事的反應策略，因為一開口總是被略微重聽的老人家說音量不夠。

九十多歲的阿祖，真的很疼這孩子，今日去吃晚飯，離開時抱孩子去道別，曾祖孫倆對望時，阿祖溫柔的說：「你會笑耶！」神情充滿深情與喜歡。

唉呀！在我們面前一整天都在笑的孩子，在這裡原來笑少少的，雖說能學到安靜與悶著也算是人格彈性，我還是覺得可惜。因為樹的笑，能增添老人家的喜悅，若孩子能有阿祖的疼愛，又是多好的福氣啊！

我拿了平日的V8，裡頭有許多三人生活的片段。我想常常守著電視的阿祖，當他看著V8，能從電視裡看到笑意燦爛的曾孫子，是不是能更有讓孩子笑的眼光？

我很喜歡，樹能在我們家和阿祖家這樣相異的文化氣氛下長大，這增添了他人格的彈性。小小的衝撞和事後的討論，都可能是小小的整合。

家族裡最近也沒人提他剪髮的事了，倒是路人看到樹常會驚呼，「好可愛的妹妹啊！」

樹三番兩次跟我討論這件事，他說：「別人都說我是妹妹，我覺得怪怪的，因為我是男生啊！」

於是我陪他討論要怎麼回答，然後與他做角色扮演練習。當別人說：「小妹妹，你好可愛喔！」

他能大聲回答：「我是長頭髮的漂亮弟弟啦。」

我跟他說：「**別人認錯沒關係，重要的是你怎麼看自己。**」

註：樹兩歲半。

太陽爸爸月亮媽媽

當樹從爸爸身邊回到我身邊，在我眼裡卻像是被寵壞過多而無理要求的孩子，於是我會在心裡不認同孩子的爸。

而我常在對樹堅持媽媽也有自己的需求時，瞥見一旁展瞪我的眼睛。

旅行一趟，樹當了好多天爸爸的孩子，尤其是最後媽媽到台東工作的三天，樹鎮日跟著爸，只有晚上三小時爸爸外出喝咖啡，才由媽陪。

展與我結婚三年越來越不同，他越來越像太陽，而我越來越像月亮，而樹就在太陽與月亮之間來來去去。

當樹是爸的孩子時，呈現了很亮麗迷人的一面。那要先說展是個怎樣的爸。

話說那天我們一群人聚會時，詢問到每個人當父母時內心的害怕，展有三怕：一怕孩子孤單；二怕離開孩子太久，孩子怨自己；三怕自己是否真的能經濟獨立。

展從小是個孤單的老么，哥哥姊姊一起玩，孤單的長大讓他養成他今日獨特的氣質。他有個優渥而保護良好的家庭，有家教、有成套的書籍，但就是不能隨便外出。

這樣的爸會帶出什麼樣的孩子？與其說是老爸，倒不如說像是兄弟。兩人玩起來好迷人呢！狂野的創意與笑聲，像是兩個孩子一起玩。

展的同理心與孩童中心的溫柔與耐性無可非議，「遊戲治療品質的陪伴」，是我最高的讚譽。

與展在一起的樹活潑愛笑，能要求，有創意：洗澡前跳脫衣舞；吃飯時兩人搶來搶去；一起打鼓怪叫扮鬼臉打滾，像是兩個大頑童；一起玩洗車遊戲，精密策略角色扮演，活像兄弟。

與展在一起的樹每天有許多計畫，「爸爸，我們今天要到哪裡玩啊？」他像是爸爸心中的小公主，即使要月亮，爸爸都會想盡辦法從天上摘下來！

與媽媽在一起的樹，又長什麼樣子？那也要先說我怎麼長大，還有我的怕。

我有三怕：一怕孩子太軟弱；二怕孩子太多人寵變得自我中心；三怕自己變成為孩子犧牲的老媽。

我是五個手足的老大，放學丟了書包就到公園裡野，沒有玩具的童年就發明遊戲給弟妹玩是我的天職。家裡最不缺的就是熱鬧與玩耍。家裡狹窄，沒有書桌，沒有自己的書，我們當孩子能給爸媽最大的禮物就是經濟早早獨立。

小時候的我被太多人疼愛，也為太多人著想，既自我中心又過於體貼別人，明明需要獨立但個性又軟弱不堪。這樣長大的我與孩子在一起時是個萬能的媽。

樹是個小孩，也是個小跟班，媽媽到哪裡就跟到哪裡；什麼都沒有也能玩得開懷。我們一起聽街道的聲音，一起玩身體的碰觸，一起發怪聲說話亂笑，一起閉上眼睛說故事書。

我不肯被孩子框住，經常與他協商媽媽沒辦法的時候；也不給孩子過多的物質，如果要用現有的物質就要玩出更多的創意！若他要天上的月亮，我可能會說媽媽累了爬不動，或請他拿筆來告訴我月亮什麼顏色！

害怕孤獨與抱怨過少陪伴的展，給孩子最多的就是無條件的陪伴與包容！

害怕軟弱與陪媽媽苦過來的我，給孩子最多的就是要他獨立與不受物質限制。

最辛苦的就是我們夫妻倆對彼此的看不慣。

樹與我在一起，是個柔順自然的規矩孩子，當他從爸爸身邊回到我身邊，在我眼裡卻像是被寵壞過多而無理要求的孩子，於是我會在心裡不認同孩子的爸；而我常在對樹堅持媽媽也有自己的需求時，瞥見一旁展瞪我的眼睛。

這是我們家目前最大的家庭動力，當爸與媽陪孩子剛好一半一半時，夫妻要整合南轅北轍的兩個童年。我會信任這過程是美麗而深刻，如同南方黑豹與北方麋鹿一起生活的編織，若真的整合成了，則我們目前的小爭執會變成更深刻的愛。

即使還沒整合，**我們依然能自我提醒，給彼此的敬重和欣賞**，於是孩子就能在不同風格的世界裡悠遊自在，長大後，也更能在心中在面對衝突或在對立時有更大的和諧。

四人動力新平衡

我緊張地跟亘說：「不要拉哥哥頭髮。」並用手鬆開她抓住哥哥頭髮的手。

誰知，樹很溫柔的說：「沒關係啦！」他靠近妹妹，把頭髮給她。妹妹笑了，塞住一把頭髮到嘴裡，不知不好吃還是什麼的，就放手了。

女兒出生後，展更積極地尋求他個人的空間，他追夢尋夢的渴望。三十歲的他，為自我可以在社會有什麼位置而努力著。於是家裡有了新動力，他多出時間離開家庭，我則多出時間，一個人帶兩個孩子。

產後五個月，身體終於調養回來，能量充足的我，一個人帶兩個孩子，真是美妙的經驗。

四人時，家裡分成兩堆：男生一堆，女生一堆。旦巴著我、黏著我，我大部分是女兒的媽。展負責與樹玩，支持我們母女大小需求，樹則是爸爸的孩子。

我不平衡著，因為被女兒巴住了，有一種無法動彈與失去主動性的呆。展不平衡著，他在晚上經常疲憊，覺得過於勞動。

樹會在興奮與失望間擺盪，當爸爸全心陪他時，他好快樂興奮，傾全力遊戲。當爸爸累了無法陪他，對他開始急迫時，他會失落無趣，嚷嚷沒玩夠不想睡覺。

展工作去了，母女三人成一個單位。我用百分之九十的身體陪旦，百分之六十的凝視＋百分之八十的語言回饋陪樹。旦在我身體上觀賞哥哥玩耍。樹在我的凝視和語言回饋下，家裡滿場跑，遊戲、玩耍與表演。

是樹的開懷與旦的開心，讓家的空間充滿了極歡樂的笑聲。

比方說，樹拿了太陽眼鏡戴上，我基於好奇和欣賞，睜大眼睛看他。他忽然害羞起來，躲著：「你不要看我。」可是又愛被看，他跑來跑去勾引我，我繼續看他。那是一種被愛與逃跑融合的激情；他哈哈大笑，旦也跟著呵呵呵呵。

當旦有需求時，樹成了哥哥，他會幫一點小忙。換尿布時負責讓旦看他，好讓旦身體不會亂動。我上洗手間時樹學會陪旦玩，旦哭時尋找奶嘴或水瓶給她。

記得那天，我在整理睡前奶瓶，遠遠地聽到旦在哭，樹在唱歌哄她，樹唱的歌是《花戒指》！原來他記得我哄妹妹的歌聲，想學我但因不熟悉只好零落地唱。看到兒子的溫柔與盡力，我感動到不行。

三人組合時，我特別愛出門。一種不受限制的挑戰精神。我會拎著旦的安全搖籃，揹著電腦和樹的玩具，三人去咖啡店吃早餐。最忙是當樹要上洗手間得要我去盥洗室陪，旦又同時要喝奶時。但無論什麼困難，總能輕鬆地度過，樹和旦因此和咖啡店阿姨有了好關係。

我們三人玩得快樂，工作回來的爸爸也帶著他外頭的故事回家。有成就感的爸爸聽起孩子們的點滴，心情特別溫柔。

三人組合的大收穫，是樹重新獲得媽媽。四人組合時，因為有爸爸在，樹少了媽媽陪。這幾日，樹重新獲得許多媽媽的專心，趁旦睡著時，或提早先將旦交給阿嬤時，我專心空出時間陪樹玩。

我與他下棋，輸贏一點都不是重點，我們合作讓棋下得很久，互相提醒對方，「喂！我快贏了喔！」

我抱他，教他敲身體的穴道，他嘻哈喊痛，又問「然後呢？」期待下一個穴道在哪裡。

他在我陪伴下與食物的關係變好，經常喊「好好吃喔！」他的食量也增加了。

他在我耳邊東說西說，說了好多後，咬我耳朵說：「以後有什麼話我都跟你說。」這是一個再次聯繫到母親溫柔陪伴的男孩。

是啊，**我給孩子的溫柔，是大size的，溫柔中有無限的安定與力量。**也可能是我年紀比較大了，**一點都不心急著自我實現，一點都不著急講義沒寫完，全然專注地，只集中在當下的互動與關係**，就是最大的成就感了。

我最大的能耐是，在孩子都交託出去的很短時間內，能快速地回到全然專注，無論給個案，帶工作坊，整理家務，或是寫文章，都是一流的好手與快手。

兩個禮拜前，展的外婆對我說了一段話：「要不要全心在家照顧孩子，不要工作，讓展學習變得更堅強，扛起所有金錢的責任？」

外婆九十多歲了，是個典型的智者婆婆，但外婆此回的建議讓我覺得無稽，我急忙說：「可是我不工作只帶小孩，臉會臭臭喔！」

我說：「我們一人一半的經濟擔子，一人一半的家務，一人一半的時間工作。」

外婆說：「可是這樣夫妻不會同心啊！」

神祕的是，沈吟了許多天，我心裡收下外婆給的東西。那東西是什麼，我心裡還不清楚。只知道，多年以來，我清楚自己的夢想理念，我全速前進；眼睛裡，我看著自己的前方，無論蜿蜒或筆直，不曾遠離過自己的夢想。

最近，自從外婆說話以後，我的夢想沈澱到心裡，心裡感受到，無論如何，這夢想已經是內在動力，推著我前進，無須我額外付出注意力，無須我額外的凝視。

眼界清開了，我開始瞇著眼睛想要看清展的夢想。我多了許多凝視，不只看見自己，還可以給樹，給旦旦，給展。這麼多年來，第一次，我試著看清展的前路，想要陪他一起往前走。

我心裡明白，受西方心理學洗禮的我們倆，強調柔性新好男人的價值，強調兩性平權，甚至更鼓勵女性的力量。這些年來，遵循此理念的我們，也許正好走到死胡同。

展奮力變成柔性新好男人，奮力分攤家務，當好爸爸，好情人，溫柔體貼的丈夫。可是他本質裡的野性男人（參看張老師出版《鐵約翰》一書）卻被壓抑了。他自小因為認同媽媽多於認同爸爸，他自行閹割自己男性的攻擊、野性、成為王的霸氣，還有成就與自卑的糾結。

他用極溫柔體貼的樣貌追求我，交往時，他交出一封情意綿綿的情書時，書寫他內在憤怒與不滿的文字，則用信封牢牢黏起，用蠟封印，關在鐵盒子裡。這樣的他，夜夢裡盡是戰爭與追逐。

最近，他逐漸不掩飾自己的需求，逐漸不用「文質彬彬」的紳士禮儀規範自己，逐漸允許自己，「很兇悍地與我爭執」，他夜夢的戰爭與追逐消失了，新的夢境範疇正在打開。

同時發展的我，也不只是溫柔壓抑，且能敏感於別人需求的女性了，原來直接的我越來越直率，可以兇可以脆弱可以頑皮可以開懷。

這是最近四人動力的新平衡。樹的快樂增多，爸爸看見女兒更多的可愛。對我而言，照顧小孩，同時有責任與夢想兩個向度。**當我不再強調表面的兩性平權之後，將能迎接更大的視野，心裡有好多釋然與新的力量。**

早上，展爸工作去了。旦八點清醒，在床上溫柔的與我玩。十點的時候，她開始想跟哥哥玩。哥哥還大夢初醒，旦拚命爬，靠近哥哥，想抓他頭髮吃。

我記得樹常會為妹妹忽然侵入領域而不悅，所以我有些緊張地頻頻跟旦說：「不要拉哥哥頭髮。」並用手鬆開她抓住哥哥頭髮的手。

誰知，樹很溫柔的說：「沒關係啦！」他靠近妹妹，把頭髮給她。

妹妹笑了，塞住一把頭髮到嘴裡，不知不好吃還是什麼的，就放手了。

樹轉身趴著，笑看也是趴著的旦。

好陽光的早晨喔！

樹兒的夜間流浪

樹像是被拋擲的流浪兒，他開始學會了在睡前，一個人打開錄音機說話：「我睡不著。」「我要很久才會睡著。」

九月，展開學，多接兩門新課，我們的暑假結束了。他迫切需要時間，每天疲憊指數增加；最明顯是睡前的三人時光消失了。他幾乎一躺下就入眠，沒來得及說晚安，也沒有將未完成的責任交接給我。

於是我第一個有被遺忘的感覺，盟友消失了，得獨自應戰。

連續十天，我無覺知地自動對樹疏離。其實我也累了，不想硬撐。孩子有親密需求未獲滿足而難以睡著，於是我拿本書看，只能被動地耗著應付孩子。

樹像是被拋擲的流浪兒，他開始學會了在睡前，一個人打開錄音機說話：「我

睡不著。」「我要很久才會睡著。」他的錄音像是宣告，麻煩的是，似乎發揮了自我暗示的效果。

每天每天，十二點上床的他，總要幺到超過一點半才會睡著。這一個多小時，他在房間裡流浪，在要求與被拒絕裡搖擺，於是他學會更多要求的技巧。

直到某天晚上，我終於對此局勢有了覺知。「原來我也疏離了啊！」我在聽自己機器般說故事的聲音時這樣發覺。

「原來我說故事的聲音沒有靈魂了啊！」乍然看見自己總是感動的，那瞬間眼眶一熱，「原來樹變成了流浪兒！」於是我懂了，最近小人兒的心願為何是，「要變得更強壯。」（強壯是孤兒生存的重點。）

有了覺知，就有了內在連結，我先與自己親密，疏離就消失了。我變得流動與連結起來，明白自己抗拒被老公放掉的局勢，未表達的意見，讓自己難以與身體連結，也失去能量，更難以有感情的陪伴孩子，因此每夜都事倍功半。

於是我說故事的聲音開始恢復「有靈魂」的聲音，一下子孩子就靠近我，然後他要我幫他抓背。

「右邊一點，下面一點，用力一點……」當我的手輕輕抓著他的背，他身體的舒服我也分享到了，想起兒時最舒適就是睡前媽媽抓背溫柔的手。

孩子一下子就睡著了；我也很滿意地，立刻睡著。很神奇地，因為睡前有一種寧靜的親密，與自己還有與孩子的，睡眠深度好純粹，無論是自己或孩子。

原來三人動力也會這樣流動！一個被自己壓力淹沒的爸，沒有打聲招呼就消失，創造一個不甘願也自動消失的媽，然後就有一個被迫又抗拒成為孤兒的流浪兒，他學會需索，學會讓自己不睡覺，因為他還沒有學會逃跑與放棄。

一個「覺知」，帶回了母親的柔軟，疲憊的定義已不再是沒睡覺或不用說故事，而是「與自己的疏離」。

當覺知帶來連結，當連結帶來能量流動，當能量流動帶來親密感的建立，當親密感建立起來創造了神奇。所有的休息與能量恢復，都是自然的禮物。

P.S.：對老公的喊話：

親愛的老公，我可以體諒你的疲憊，但還是請你睡著前「先打聲招呼」。

你可以說：「親愛的老婆，我想先睡，孩子交給你了。」

還有還有……你要專注的凝視，並溫柔的說，要給我一點身體的接觸，我才能感受到你的在；這樣我會來得及找到內在自我的盟友。

平凡與神聖

平凡與神聖記錄的是生活裡平凡的細節。很瑣碎，是每個有孩子的家庭幾乎都會出現的尋常。但在我的紀錄裡，我看到了，因為珍惜而透光，一種發亮透光的神聖感。

女兒生日

這個禮拜，你也學會，當媽媽兇兇管你的時候，你說：「媽媽，我怕怕你生氣……」

然後，你還學會，表達後，跑來握媽媽手，跟媽媽說：「我跟你和好。」

半夜，女兒醒來的第一件事是找我。經常，她會喝瓶奶，我會幫她換一次尿布……然後，她會窩到我懷裡，就睡著了，或，與我對望，良久，才又睡著。

她喜歡用頭頂著我的心（展說，因為她頭冷尋求溫暖；我說，因為我的心光亮她尋找光），她喜歡將身體蜷成一團，窩在我用身體圍起的小窩裡。

她在半夜，異常清醒，與我對望，母女的距離不超過十公分。她有一種神祕清明的大微笑，黑色的眼眸望著我，大大的微笑沈靜著……我也會朝她微笑並凝視她……兩人之間，有一種「能再次相遇，真好」的默契。

她過兩歲生日那天清晨，我們一家人去吃早餐、餵魚……然後去誠品。旦自行拿了兩本書，說她要。

我跟樹說：「今天旦生日，媽媽讓她自己挑書……等你生日，我們也來挑書好不好？」

樹說：「可是我生日還要好久耶！」小臉蛋失落惆悵的樣子。

後來我決定：「那我們全家每人都挑一本書好了！」

旦挑了英文的翻譯書，樹挑了很棒的日本繪本，我也幫自己挑了繪本。

希望這成為全家的生日儀式，無論誰生日，四個人都可以去為自己挑一本書。

晚上，我們吃蛋糕。

很高興，我們能找到，沒有奶油很舒爽的戚風蛋糕，一百二十五元，簡單的兩根蠟燭，這麼簡單而樸素，讓我願意以後，繼續在每個人的生日，慶生。

慶祝什麼呢？

慶祝這個生命來到地球，

慶賀她為地球帶來的天賦和禮物，

慶祝我們再次相遇。

親愛的女兒：

在你兩歲生日的日子，媽媽真心感謝天父地母，

謝謝你的抉擇，也謝謝宇宙的機緣，讓我們再次相遇。

謝謝你為我們家，帶來的歡樂與存在感，

謝謝你為我們家，帶來了透明坦誠的力量，

謝謝你為我們家，帶來了毫不羞澀的表達愛，與毫不遲疑的自我堅持。

謝謝你為這個世界，帶來了你的美與芬芳。

媽媽真心感謝，有你當我的女兒，

我不去猜測也不會去想像，你的未來，

因為，你當下的每一步，都已經填滿了媽媽的心。

生日的當晚，旦用她的小手交疊，壓碎花生，然後剝掉皮給我吃；我吃的時候，一直吃到她鹹鹹的小手，那是她擦鼻涕的殘留。我笑著開心著，這樣玩著。一旁的展和樹在大富翁遊戲盤裡大戰。旦與我，簡單地，在花生裡，靜靜享受，二〇〇八的第一個夜晚。

親愛的女兒，兩歲的你，昨夜又綻放了讓我驚訝的成熟。

昨夜，吃完花生我用掃把和畚斗掃地時，你說你也要。

怕麻煩的我說，媽媽來，你不要。

你說：「那我會哭哭喔！」

哈哈哈，我心裡真的大笑，原本已經直接哭出來的你，這回用說的。

為我們倆創造了更輕鬆的溝通環境。

於是我決定讓你練習使用掃把和畚斗。你用得不錯。

我回想，你學會不哭，是我教你的吧！

生日的早晨，吃吐司時，你大哭（那種任性女生的哭法）說還要巧克力，**我教你：「旦，不需要哭。我們用說的。」**於是我們去找咖啡店的阿姨，你練習跟阿姨要一點點巧克力醬……

甜滋滋的味道，教會了你，不需要真的哭，用說的即可。

這個禮拜，你也學會，當媽媽兇兇管你的時候，你說：「媽媽，我怕怕你生氣……」

然後，你還學會，表達後，跑來握媽媽手，跟媽媽說：「我跟你和好。」

這是以前我跟你說的：「媽媽不生氣了，我們來和好。」於是我們會握手，又抱抱很久。

而你，聰慧的女兒，一下子就學會了。

經常為你感到驚喜的媽媽二〇〇八年一月二日

惱人的光榮時刻

當我對旦旦說：「媽媽餵你好了。」她會說：「我要自己吃，你不要餵我。」

當我說：「可是這樣你會弄髒衣服。」她會說：「沒關係！」

她要拿著水杯到處跑，我說：「不要。」她會說：「沒關係，我自己擦！」

旦在一旁自顧自地玩著，她拿起類似話筒的工具，講著電話：「喂，這裡是民×路……樓。」（我們家地址）……接著她邊把玩具放入箱子裡，說：「好了，放裡面……放裡面。」這是旦平日的樣子，邊玩邊說話……邊行動邊報告出自己的內在。

這個旦旦常讓我讚嘆，但也有讓我煩惱的許多時刻。

比方說：她喜歡自己穿褲子。當我想幫忙時，她說：「不要啦！我要自己穿。」

其實她還不會自己來，但她認為自己會……她也的確越來越會了。她坐在地板，拚命將腳塞入褲管，許多時候難免兩隻腳塞同一隻，許多時候則褲管不對稱扭曲……然後她會站起來，拚命拉，想要將褲子拉上來……通常只能拉一半，尤其是屁股，就是整個大尿布露在外頭。

雖然她會說：「前面拉好了，還要拉後面。」但通常，後面是我偷偷拉好的。她還會「作勢」說：「把衣服塞進去。」（通常也是我偷塞的。）

一旦被她察覺我幫忙，她會大叫：「你不要（用雙手掰開我的手），我，要自己穿。」

有時我沒聽到，硬幫忙，她會大哭：「我，要自己穿。」我得忍著，看她在寒天裡光著大腿，看她拚命拉拉，拉不起來的糗樣子。

只要我忍得夠久了，她會跑來：「我拉不起來，後面媽媽幫忙。」

若我忍不住先動手，雖然只是調整一下穿歪的褲子，她還要大哭好幾聲。不過，就這樣，她也越來越會自己穿褲子了。

這幾個月來，這樣的惱人光榮時刻，還包括：她要自己喝湯，自己舀湯（從大碗舀到小碗），自己吃飯，吃麵，吃湯麵……自己倒水（很高的飲水機），自己提玩具，自己洗手、自己刷牙、收玩具……自己選擇襪子，選擇衣服……她是一個「讓人無法忽視自主意志」的小女孩。

之前，樹的時代，我經常錯過他發展的關鍵期：例如自己吃飯、自己喝湯、自己穿衣服……當時，當樹展現對這些事想要自己來的興趣時，由於我的潔癖，或是大人完美標準……我無法忍受他弄亂弄髒衣服、環境……或是很慢很慢……樹與旦不一樣，他不太會拒絕大人的幫忙，即使他想練習吃東西，當我說，媽媽餵好了，他也沒太多意見。

旦旦可不一樣了。當我說：「媽媽餵你好了。」

她會說：「我要自己吃，你不要餵我。」

當我說：「可是這樣你會弄髒衣服。」

她會說：「沒關係！」

她要拿著水杯到處跑，我說：「不要。」

她會說：「沒關係，我自己擦！」

若我堅持要幫忙，她就會大哭大叫，甚至不惜一切，抗爭到底。

不曉得是孩子養到第二個，耐髒耐亂的能耐多了，還是我真心珍惜旦旦嘗試錯誤的可愛樣子。**我不僅能耐髒，耐亂，還能耐慢，耐她冷……只為了，我支持她，「讓我自己來」的呼喊。**

每個孩子有他們獨特的氣質，他們也會磨練出不一樣的媽媽。

很愛哭的樹兒，磨練出，我很能陪伴的能力。很堅持自己來的旦旦，也磨練出我很能等待的能力。很能堅持的旦旦，其實也磨練出我很能堅持與協商的面向。

孩子之於我，真是有意思，透過成為母親，透過成家，比一所大學能給的學分，更多采多姿。

當很拙的旦旦，奮力地堅持自己來的時候；那是我的惱人時刻，卻是她的光榮時刻。這樣的旦旦，會在事後，讓我覺得很光榮。

註：旦兩歲兩個月。

從平凡進入神聖

有一次，我帶旦離開阿嬤家時，她大哭：「還要，阿嬤！」

我選擇熄火抱她等待，與她節奏呼應地輕拍她的背。

我聆聽：「嗯，旦想念阿嬤」……「嗯，媽媽想帶旦回家。」

樹在一本勞作繪本上，用彩色筆在書上塗顏色。二十個月的旦說著：「要。」自行拿了筆與一本繪本，就要畫起來。

我心裡驚呼：「不行！」但**我馬上覺知自己的緊張，我覺知地吐氣，吐掉我的緊張。**

我的緊張背後有旦的紀錄：

當她不小心畫到桌子與地板時，會繼續畫更多。她還會撕書，紙張撕裂聲讓她開心！相較於從沒有畫過書，弄壞書（即使是翻翻書）的哥哥，旦是個「與物質關係輕鬆」的孩子。

覺察到自己的緊張，我自問：「怎麼辦？」於是我決定放鬆，決定不將此刻視為「危機時刻」，而將之轉念成「歡樂時刻」。

我問：「旦也想畫書對不對？」

「嗯！」女兒點點頭。

「書，是拿來看的喔！」我輕聲說。

於是我輕鬆地打開書，唸起書來：「歡迎你到這世界上來，我們已經等你很久了。」畫面上一個剛出生的寶寶，躺在搖籃床上……可愛極了。

「你好小好小……你只想要……哭哭……喝奶……睡覺……」

旦被書本吸引了，她放下畫筆，臉龐變得溫柔而發光，開始跟書本同步。書本上的娃娃喝奶時，旦旦吞口水，書本的娃娃睡覺時，她閉上眼睛……書本的娃娃被抱抱時，她撲到我懷裡。

「還要——」當書唸完時她意猶未盡，於是我為她唸了一次又一次的書，像是吟唱愛的曲調，我們之間充滿愛的韻律，好溫柔。

整個禮拜，那本書成了旦的隨身玩具，在汽車上，樹哥哥也會唸書給她聽。唸到一半，樹哥哥會敞開雙臂打開懷抱說：「要不要哥哥抱抱啊？」旦會說「嗯！」然後撲到哥哥懷裡，甜美的笑臉依偎著。

書本的想像力構築了心靈的世界。書本與紙張的不同，旦旦感受到了，書本打開後創造的神奇，旦旦品味到了。

生活裡的困局，能脫困，在於是否能同時打開另一個面向，也就是神話的面向，透過神話面向，打開神聖空間的殿堂。透過陪女兒，我領悟到，當下的專注與感官的創意轉移，也許就是神祕的鑰匙。

另一次體驗，也發生在我與旦之間。

有一次，我帶她離開阿嬤家時，她大哭：「還要，阿嬤！」

我選擇熄火抱她等待，與她節奏呼應地輕拍她的背，我聆聽：「嗯，旦想念阿嬤」……「嗯，媽媽想帶旦回家。」

「旦知道阿嬤愛你嗎？」她安靜下來……

「旦知道媽媽也愛你嗎？」她安靜下來……

「旦知道爸爸也愛你嗎？」她安靜下來……

「旦知道……愛你嗎？」我細數了愛旦的人，她一一安靜聆聽。

但是當我做出任何開車的動作，她又大哭。於是我又熄火，重來一次。車後座有樹和他的表哥，樹老神入定地看他的書，軒表哥則很熱心地，在一旁幫忙。

我問哥哥們：「回家後你們要喝什麼？」

「喝果汁嗎？」

「喝水嗎？」……兩個男孩一一回答後，我想勾引旦回家，於是問：「那旦回家要喝什麼啊？」

家裡沒有妹妹的軒表哥天真地說：「她只想喝『阿嬤』。」（樹已被我們訓練到很敏感，絕口不會在這種時候提阿嬤兩個字。）於是原本平靜的旦又悲從中來，大哭失聲！我又得重來一次。

奇妙的是，她雖然哭阿嬤，但她的身體是黏我的，她呼吸的韻律是跟我同步的，我說的每一句話她都聽到了，我問的每個問句，她雖沒有明確回應，但從她身體的肌肉，我都能感受到有時放鬆有時緊張的答案。

我就這樣，一步步循著她放鬆的路線，調整到與她同調，然後，我發動車子，她大力掙扎大約一分鐘……就柔軟地依偎在我身體，我感受到她張開了感官，張開耳朵聽哥哥們說什麼話，偶爾轉動眼珠觀看四周顏色……當她能張開感官，再度與外在世界連結，我知道她好了，她回到接納世界這一邊。

我理解，她喜歡也愛阿嬤是真實，但**她哭著黏阿嬤，其實是對回家後，我能否專心陪伴失去信心。**

我欣喜地承接旦的狂哭，因為我知道，我的陪伴就是光，進入她心靈最陰暗之處，日後，她也會有掉入心靈黑暗深淵之時，那時候，她會感受到，這裡，是個有光之處。

多虧這幾年來的修行，我經常能在日常生活的細瑣裡感受到神聖的光芒，在小孩的玩耍喧囂中聽見天堂的樂曲。於是我很甘願，回家，放下所有的自我追尋。家裡有個充滿炙熱感情的旦，充滿纖細柔情的樹，還有越來越有智慧和力量的展，他能懂我耶！我們家充滿神話的味道。

每個人的家，都是一部神話，端賴活在其中的人，是否意識到，生活裡，處處神聖。

生活裡，處處神聖。

在女兒抗拒回家之處，狹窄猶如無出路，但仔細找找，那裡有個縫隙，**當關注的焦點不將問題看成問題，而將問題視為機會，於是縫隙成為通道，進入另一層心靈的神聖空間。**而想像力，與活在當下的創造力，則是神聖空間的鑰匙。

註：樹五歲四個月。

石頭湯的夢想

我們加入三顆小石頭，火開的時候，石頭滾動的聲音，很好聽。

吃完湯，幫石頭洗完澡，我還很恭敬地和樹一起謝謝石頭，謝謝所有的佐料。

有一陣子家裡又再迷上《石頭湯》的繪本，我們連著幾個晚上睡前閱讀。

樹問：「媽媽，你可以煮石頭湯給我吃嗎？」

我沒放在心上，過了幾天，他又問：「媽媽，你什麼時候煮石頭湯給我吃？」

好啊！有何不可？我心裡想。

《石頭湯》，是一本繪本，講三個士兵，在戰爭後路經一個小村莊，當地的居民怕士兵的食量大，大家都把食物藏起來，所以又餓又累的士兵，要不到任何東西吃，那些村民，看起來比他們還嗷嗷待哺的樣子！

於是士兵想到辦法，他們掏出口袋的石頭，說：「我們來為大家煮石頭湯吧！」整個村民聚集過來，大家熱情地提供材料：一個大鍋子、水，和火。

士兵很會說故事，他們說著旅途中的趣聞，村民們都聚過來了！大家都很好奇，石頭怎麼煮湯？

士兵說著旅途的趣聞，說著與食物相關的記憶，對著一鍋燒開的水，滾動的石頭，不經意說：「一鍋好石頭湯呢，最好加點鹽巴，還要點胡椒。」於是，村裡最天真的小孩趕忙回家拿了鹽巴與胡椒……很會說故事的士兵……最後讓村民將很多東西加到石頭湯裡……甘藍菜、紅蘿蔔、馬鈴薯、牛肉、大麥、牛奶……

最後村民們自動說，這麼好喝的湯，還要配上烤肉和啤酒……全村從來沒有這麼熱鬧過，大家喝了湯，吃了肉，喝了酒，還一起唱歌跳舞，直到深夜。

士兵當晚，分別借住三戶人家，享用了三張全村最好的床。臨別時，士兵把石頭送給村民，村民開懷與感激地收下了。

這麼精采的故事，樹也想像湯很精采，就來煮煮看吧！我找一天，專程去超市，買菜……備齊石頭湯的料。

煮湯時，樹負責唸書，我負責加料，全家圍在廚房的瓦斯爐前方，找出家裡最大的鍋子，樹說先要加上鹽巴和胡椒，接著是紅蘿蔔。

我學士兵用刀子在起火的鍋子上削紅蘿蔔，唰唰濺起熱水，刺激極了！馬鈴薯……都下鍋後，我加了貢丸，樹問：「可是他們的湯沒有貢丸。」

我瞎掰說：「喔，那天，他們第二次做石頭湯，據說村子裡從很遠的地方，好像是台灣的新竹什麼的，來了個客人，他帶貢丸到村子裡。為什麼叫做貢丸呢？據說呢！那是古老的中國皇帝，取的名字，很好吃的東西，送給皇帝吃的，才會有個『貢』字。」

一家熱鬧哄哄地，石頭湯上桌，沒有烤肉喝酒，大家配飯將就。

樹最喜歡貢丸，他不愛牛肉味（我也不愛，平時是不吃牛肉的）。他雖不喜歡有牛肉大麥牛奶味的湯，還是吃得很開心。

倒是旦旦，她喝了好些湯，吃了飯，要了兩顆貢丸。（吃不到一顆。）

我享受當這樣的媽。

樹提到石頭湯的夢想時，有一種嚮往的眼神。我聽到石頭湯時，有一種很有趣的心情，像是扮家家酒。

我們加入三顆小石頭，火開的時候，石頭滾動的聲音，很好聽。吃完湯，幫石頭洗完澡，我還很恭敬地和樹一起謝謝石頭，謝謝所有的佐料。

生活裡能有小小的、好玩的、偶爾脫軌的小快樂，架構在一個穩穩的、規律的、生活下，是平衡的美好。

在故事裡，士兵創造了一個共同的夢想，湯的豐盛美味的意象，打動了戰爭中的人性，村民們關於食物的美好與豐盛被啟動了，於是，大家共同擁有一鍋好湯。

生活，要會作夢！

好野的一家

另一角落是我們三人最近風靡的小羊皮鼓區。「樹今天要打爸爸鼓。」「咚咚咚。」小人兒節奏感還滿好的，另外還有他的小馬桶以及脫在一旁的小內褲……

某個晚上，我們夫妻倆都很忙。展忙著玩他新買的一項高科技玩具，我忙著翻箱倒櫃找我那報名心理師的資格證書，樹光著屁股自顧自的到處玩著。

地板上一角落一角落的遊戲區，在煮飯玩具區裡兒子說：「媽媽你過來看，樹煮了好多好多……」他細數著：「有漢堡、薯條、玉米還有鳳梨。」

另一區是保養汽車區（橫躺的凳子、塑膠起子、塑膠杯子）。樹嘴巴說著：

「滴答滴答，好了舊油出來了，換新油。」「保養輪子，轉轉轉。」（汽車進保養廠，小人兒會和老爸陪著工人一起保養。）

沙發則是看DVD區，一旁散落著奶瓶水罐還有餅乾碗……「樹還要再看一次《哈姆太郎打太鼓》。」

還有一角落是我們三人最近風靡的小羊皮鼓區。「樹今天要打爸爸鼓。」「咚咚咚。」小人兒節奏感還滿好的，另外還有他的小馬桶以及脫在一旁的小內褲……

我在另一角落，與許久沒整理的文件文具廣告信講義書籍奮鬥……我身邊堆了一片分類好的瑣碎物品。

樹跑來，站在物品圈外不得靠近，於是我清開一條通路讓他進來，那是一條約三十公分的小通道，小人兒每隔一段時間就過來要抱抱（兩秒的抱抱）。很遠的角落，展在那裡得意的用電腦燒錄DV影像。

我們一家就這樣過一整個晚上，三人各有沈迷的世界。

最後小人兒說：「樹想要睡覺了。」喔！我忽然發現已經深夜一點多了。

「睡覺啦！」我拿了存在主義的書上床，樹也帶了他的翻翻書上床。

「媽媽，我要玩寶寶貝貝的遊戲……」樹對著進入半昏睡的我喃喃說著。

一天就這樣過去了。在夢裡，我回到童年的院子，也是凌亂的歡樂空間，我是這樣玩過一天又一天的長大，**「像個野孩子」這是我對童年最高的禮讚**。

夢裡，我們家的野孩子有五個，比樹擁有的熱鬧許多。

註：樹兩歲多。

三人生活的平凡安適

有時展跟樹拗上了，在他即將抓狂時。我介入的咒語就是，「樹，爸爸現在變小孩了，現在換媽媽陪你，爸爸你當小孩去吧！」

於是展可能一下子就好了，可能出去看個漫畫，或喝杯冰塊威士忌就安靜了。

足兩歲七個月以後，樹似乎順應度過了自我發展的階段，他愛說不的抗拒期過了，進入愛問為什麼的階段，（他還不會用「為什麼」三個字，他使用的是「怎麼會這樣？」）陪他就變得很順利。

吃飯、上廁所、刷牙、洗頭、與爸媽別離……這些關口也差不多過了，另外就是不愛被挖鼻屎，**常鼻塞（我教他練習自己挖，我學著信任他鼻塞但不難過）**和不剪頭髮（他說他喜歡長頭髮）而已。**（他學著適應別人說他像女孩，我們學著適應許多人的詫異，怎麼給男孩打扮成這樣的眼光。）**

他的語言和人際發展最豐碩，自言自語的習慣從嬰兒期起就一直保留下來，成為我研究孩童心理的最佳研究對象；他最完整的是自我價值感，以及面對陌生人的親和力與主動關切。他的肢體最近加緊腳步發展，整天練習跳、跳舞、節奏感。

他依然不想上學（每次問他都思考良久），我懷疑他是戀家所以不愛學校。

我們有三人輪著照顧他，也就輕鬆地分攤了時間，雖然展經常與我爭論著家務和孩子付出的公平性；但我們兩人還是很一致地，都認為要等孩子自己說好了，才送他到學校。

我則悄悄的，心思轉到了自己的生涯發展，唸書、思考、反省自己……整理多年工作的心得。

比較有趣的則是內在的變化：我每日看著自己，更細緻的內在能量轉變；與個案互動時，更敏銳地覺察兩人關係；工作時，更清晰地看見理論脈絡的選擇與放棄；與展爭執衝突時，更快地回到柔軟與安靜；也更快覺察，今日的自己混濁或清明；此刻的自己，塞住或流暢；與樹相處時，有多少比例？心在或不在？

我每日安然地，開火煮菜刷鍋子擦廚房……不再為失去多少時間寫字唸書而惆悵；安然地，想睡就睡了，然後清晨自動醒來，做沒做完的工作，活得自給自足。

展則有較多的愁眉或開懷，牽制他較多的是工作上的進展，還有與我的情緒糾纏。他透明的表情，一入門就能聞到他今日的天氣，陽光曬飽了的香甜，或是陰鬱的發霉？但無論天氣如何，他與樹之間總是晴日爽朗，頑皮瘋狂，都是小孩性情。

有時跟樹拗上了，展即將抓狂之際，我介入的咒語就是，「樹，爸爸現在變小孩了，現在換媽媽陪你，爸爸你當小孩去吧！」於是展可能一下子就好了，可能出去看個漫畫，或喝杯冰塊威士忌就安靜了。

當他能自由地當孩子，也就能自在地扛起成人的責任。

這是我們三人，在肚子裡即將裝下旦旦之前的，安適美好歲月。

小蛋蛋進入我們家

於是我明白，小天使飛下來，飛到爸爸媽媽中間，是樹最愛的出生神話，目前還不容另一人取代。

以下是我和樹兩人的對話：

「樹，媽媽的肚子有個小baby了。」

「喔？他現在在哪裡？」

「他本來是在天上飛，然後他很喜歡我們，所以就下來住到媽媽的肚子裡啦！」

「那個小天使就是我對不對？」

「不對，以前是你，現在是另外一個小天使。」

「不對不對，還沒啦！他還沒在你的肚子啦！」

於是我明白，小天使飛下來，飛到爸爸媽媽中間，是樹最愛的出生神話，目前還不容另一人取代。

幾天後。

「樹，媽媽肚子裡現在有個小蛋蛋啦！」

「喔！二十二天了嗎？還要幾天才出來？」（繪本裡，有鴨蛋孵二十二天的知識。）

「嗯，大概要兩百八十天吧！」

「哇！好久喔，怎麼會那麼久？」

展爸：「你以前也在媽媽的肚子裡住那麼久。」

「對啊，那時候你也住在這裡，住了兩百八十天這麼久。」

「那蛋蛋是誰的啊？」

「是爸爸和媽媽一人一半。」

「那爸爸的蛋蛋是怎麼進到媽媽的肚子裡面？」

展爸：「我吹一口氣，我的蛋蛋就進到媽媽的肚子裡啦！」（唉呀！真是不良的性教育。）

原來換成小蛋蛋的比喻，就能讓樹保有小天使神話的歸屬權，而他也才開始學習接受，媽媽肚子裡有一顆小蛋蛋的事實。

幾天後，在新社某個大草地上，我們三人玩著樹葉。

樹撿起一片大葉子，「這是我的。」

我撿起一大葉子，一小葉子：「大葉子是我的，小葉子給我肚子裡的小蛋蛋。」

樹又撿起另一片葉子：「這片葉子是給我身上的小背心。」

展爸：「這一片葉子是給我的，這一片是給我的小……的。」

我們開始練習過四人的日子。喔，應該說是三個人和一顆小蛋蛋的日子。

註：樹滿三十七個月。

大富翁玩家

樹剛開始玩大富翁時，一旦瀕臨破產，他就耍賴說：「不玩了！」

樹和幾個孩子在家裡玩大富翁。在這之前，展爸和樹已經連續玩著兩個月了，他們倆是大富翁玩家。

樹是個愛玩舊玩具，玩一個東西可以玩很久、很投入的孩子。（我們支持他這樣發展。）他迷上大富翁之後，就每天纏著爸爸陪他玩。他們最高紀錄是連玩四小時。

某夜，為了玩大富翁，他快快吃飯，快快去洗澡。耐心等著旦妹妹睡著，勤快地收拾家裡，還學會了與展爸兩人，輕聲輕語的用氣音說話。（因為妹妹一哭，媽

媽在忙，他們就沒得玩了。）

最神祕的是展爸，他真的很有耐心、很享受、很愉快地這樣陪著他。（妹妹出生，樹百分之七十成了爸爸的兒子。）

最不可思議的是：展爸與樹玩時，一點都不手下留情。他發展出許多使樹破產的策略，然後一一教導樹這些策略（如何讓對方快快破產）。

記得樹剛開始玩時，一旦瀕臨破產，他就耍賴說：「不玩了！」

展爸會失望，說：「如果這樣不好玩，以後我就不愛玩。」

樹開始越來越強，他逐漸學會接受破產；也慢慢學會，輸了不哭……輸了還覺得好玩。他慢慢學會，各種併吞，快速買地，蓋房子後賣掉多餘地產，各種與父親競爭的方式。

有一次，他偷偷地在分錢擺盤時，藏了「出獄許可證」在特定位置，偷偷告訴我，「不要跟爸爸講喔！」

他學會，即使快破產了，還繼續玩下去，甚至可以扳回局勢。

昨夜睡前，他幸福的用氣音跟我說：「今天我們兩個都沒人破產。」原來他跟我一樣，最喜歡沒人破產。

迷上大富翁，他迷上認路名，各種馬路上的路牌他都愛：林森路，中華路二段，南大路二十二巷……他迷上認字，各種命運與機會：「修理所有房屋」，「跳水冠軍」……於是，我們開始畫起自己的大富翁。帶著蠟筆畫紙到咖啡店，我抱著旦，四人共同作畫。

新竹的街道：西大路，南大路，東大路，北大路……我們愛去的餐廳：「柯子湖」、「咖哩番」、「1868咖啡店」……都被放到遊戲盤裡了。

我們有個對世界充滿熱情的孩子；有個充滿能量，可以陪孩子玩，自己也像個孩子的展爸。

註：樹四歲十一個月。

抽屜的神聖

旦旦像發現新天地似的，經常充滿驚喜或有趣地，開開關關抽屜。我不曾阻攔過她。

多了孩子後，家裡的小物件一直增加，空間都被吃掉了。玩具、衣物、教育書籍……吃掉家裡的收納空間。原來屬於夫妻的空間逐漸挪出來給孩子用。這過程象徵著**成為父母，是一種給出自我的歷程**。但孩子逐漸長大，展和我，逐漸將空間挪回給自己，整理房子時，特意給出兩人，屬於我們自己專有的收納空間。

於是，家裡多了幾個家具，柚木的木頭，很深濃的木頭感，厚重而樸實。我喜歡坐在那裡，用手觸摸，那手感好溫柔、好扎實，讓我穩穩地落地生根。

家具中有一個矮的五斗櫃，低低的，面積寬大，中間有置物空間，四個小抽屜，一個大抽屜。平面被我拿來當作靜坐用的聖壇，櫃子前，是我每日靜坐冥想的地方。

除了我之外，旦旦最喜歡這櫃子，她經常賴在旁邊的椅子上，叫著：「火，火……」於是我會為她點上燭火。火在放在圓形石頭的燭台上燃燒，感覺起來很寧靜。

旦旦會在那裡拉抽屜，她好奇裡面的東西；小抽屜裡面有蠟燭、火柴、花精和臥香；大抽屜裡面有花精、占卜卡，還有更多的蠟燭。

旦旦像發現新天地似的，經常充滿驚喜或有趣地，開開關關。我不曾阻攔過她，即使她拿出一瓶花精來，噴噴自己。

我總是相信，她的喜歡與純真，她的專注與驚喜，背後有神聖的意味。純然的孩子的喜歡，是多麼珍貴啊！

她的神情會讓我想起小時候的自己，我也喜歡到爸爸的抽屜，打開它，翻來翻去，怎麼樣都覺得裡面充滿神奇。爸爸有間工作房，裡面有個書桌，以前還有個診療椅，燈，櫃子。

齒科的爸爸，桌上會放滿許多石膏模子，一副一副牙齒，就堆在他桌上。打開抽屜，裡面會有釣魚線、一包包的魚鉤、浮標、釣魚用的鉛錘……做了一半的金飾墜子、薄薄的蠟燭片（當模子用的）、小張的大頭照……象牙的項鍊墜子、硬幣……許多東西上面會有薄薄一層石膏灰。

爸爸的書桌透過旦旦的熱情，浮出我的記憶，如此細節而鮮明，彷彿那個時空不曾消逝一樣，我幾乎嗅聞到那房間的氣味。（不同年代，那房間有不同的味道哩！）

女兒與父母的關係很神祕，女兒是貼著父母長大的。

旦旦昨天很柔美，全暗的房間，樹和我們夫妻用單槍看《動畫柯南》，對柯南沒興趣的旦旦一點都不受困擾的，在房子裡到處玩耍。

不知什麼神祕的理由，她到處笑，到處笑，她幾乎是戀著我的，不時過來賴著我，趴在我腿上，要我抱抱，滾到我懷裡……然後她跑掉，到處摸摸找找，看書玩玩具，每個物品對她都充滿好奇。她的身體動作都是曲線，在我抱她親她，她笑著仰頭的笑顏裡，充滿柔美的能量。

全神貫注真不是蓋的，因為樹全神貫注看卡通（日文發音，中文字幕）。因為家裡的家務都做完，房間也整理得很整齊，所以我全神貫注。全神貫注的我，就會創造一個氛圍，讓旦旦展現她最柔美的女性面。

很神祕的，若環境沒這麼好，我無法全神貫注時，旦旦的其他面向會出來，她的堅持與直接，她說不清楚時的唉唉哭叫，她嚷嚷阿嬤的想念。

想著看著自己的柔美一面，原來那是我童年時，曾得到父母栽培灌溉的愛的結果。

我的抽屜裡裝著我的追尋，我走一條朝向光的道路；爸爸的抽屜裡裝著他的嗜好，他是個手工藝者，他釣魚出神入化，他無師自通雕刻出墜子給媽媽，他聽到音樂隨手就能彈出來，他的房間裡，還有攝影機、底片……唱盤與唱片。

回想起來，就發現原來媽媽沒有房間，她有嗜好嗎？媽媽有抽屜，有衣櫃，有化妝台。裡面裝什麼？裡面有日記、有粉餅、有項鍊、有老照片、裡面有我們出生的日期、有批命的紅單子、有老手錶……

原來媽媽的嗜好就是打扮、生活還有我們！媽媽的嗜好純屬於人際，與人見面與人說話，記下生活的心情、打扮漂亮的自己。

父母與孩子之間，如何傳承？

樹發展出他勤奮的一面。（在人格發展階段，自卑與勤奮，他走到勤奮面。）牆壁上貼滿了他的畫（他自己貼的），他創作貼紙，創作問題，問我們，若我們答對，他貼貼紙在我們身上。他自行創作鈔票，從一到一百元都有的紙鈔，一疊疊像蒐集卡片一樣疊整齊。

他最近迷戀數字、迷上英文、迷上閱讀……看他忙得充實愉快，我們在陪他們的時候，展和我，閒得很。

樹只要有人陪在他身邊，他很能獨立玩耍。能獨立玩耍的他，還會帶領旦旦玩耍，昨夜明明要睡著了，他跟旦旦說：「跟我來。」他把妹妹帶到浴室，兩人蹲在地上，用衛生紙捲起來當毛筆，在地上畫水畫。

兩個小孩蹲在那裡，看起來很可愛。

我把家裡的玩具空間整理出來了，南亞彩色櫃＋布抽屜……孩子們看得見自己的玩具，自己拿，自己收。家裡的美感出來了，快樂也多了許多。

家，真是個神祕的空間。我看著樹與旦旦兩人膩在一起，收拾著他們玩過的大小點滴，我知道，心靈就在這裡醞釀著，豐碩而扎根的童年，**讓心靈的底層穩穩地扎實著，足以在日後生命大風大浪挑戰時，給一個安寧的家。**

註：樹五歲半，旦二十二個月。

寵小孩的歐巴桑之省思

樹一次一次「媽媽……」「媽媽……」的把我喚回，一次一次說再見的聲音越來越堅定。

讓我不禁回頭思考，他央求要喝湯……那真的只是吃食的欲望嗎？或者，他只是想要多賴我一點時間？

週一是樹的小休假。

樹剛上學時，我們許諾週一不上學，讓他可以賴在媽媽身邊。半年後，逐漸習慣並喜歡學校的他決定週一也要上學，只放半天假。

中午上學前，我帶他去學校旁邊的小店吃日式拉麵。白濃的豚骨高湯，加上芝麻，連平日不喝湯的樹都喝得唏哩呼嚕。

但快吃完時卻發生意外，樹臨時喊要上洗手間，於是我匆忙幫他吃掉碗裡的東西，剩最後一口湯時我問他喝不喝，他呼嚕吃肉的嘴說不清楚，直到我把湯喝光時他才說：「我是說……我還要喝……你喝錯了。」

即使我道歉，也澆熄不了他喝湯的欲望。他沒有哭，就只是走出店門還頻頻眷戀回頭。

我評估自己臉皮的厚度，想著即使被拒絕也能一笑置之，於是，拉著兒子的手走入店裡，鞠躬哈腰地說：「可以給我一口湯嗎？太好喝了，兒子還想要。」心裡有些羞赧卻還是大言不慚，我心裡慶幸剛剛有與老闆聊天，誇過好吃。

年輕帥氣的日本老闆舀了味噌做了一小碗湯給我，還撒上芝麻。

大中午的，我蹲在沒人的店裡，拚命把湯吹涼，滿足孩子的欲望。

想像，在那兩個年輕男孩眼裡，我大概是個不折不扣寵小孩的歐巴桑吧！後來孩子很滿足地和我手拉手，走到學校。

臨走時，他專心交代，「我的積木要放在小房間的床上喔！」「小房間做好的積木不要拆掉喔！」

他一次一次「媽媽……」「媽媽……」的把我喚回，一次一次說再見的聲音越來越堅定，讓我不禁回頭思考，他央求要喝湯……那真的只是吃食的欲望嗎？或者，他只是想要多賴我一點時間？

開車離開時，我瞇著眼在心裡凝視孩子，凝視他在校門口慎重交代我放玩具的表情，我試著呼吸他的能量，試著感受那更深處的影像。

我看到，一棵樹，拚了命想扎根到泥土裡，拚了命想要先站穩，然後才能向天空伸展枝枒。我看到「離家」對他而言，有離根的意象，與死亡相關。

是啊，他自小就讓我感受到是個有死亡印記的靈魂。他從小，什麼事都謹慎。當我帶過什麼東西都往嘴巴塞的旦旦，才開始思考當年不用教導就不曾塞怪東西到嘴巴的樹很特別。

四歲半以前的樹，是個不鼓勵他，他不會自發越界探險的孩子。他眷戀這個家，眷戀舊鞋，舊衣服，各種舊的記憶。他經常發呆，像是內在有一個比外在更安全好玩的空間，當他專心遊戲或發呆時，一般人很難和他有連結。大聲喝叱，不跟隨，或不懂他，都會與他失去聯繫。

也許，離家上學，置身陌生環境……都像是要大樹離根一樣。於是，他用了各種辦法，來減低自己的焦慮。包括他每日都會和我約定，「你要幫我記得我回家的時候要……要記得喔！」彷彿當我願意許諾、認真約定，就會讓他與這個家保持聯繫。

我想啊想的，**對於他所有的慎重以及所有需要很多耐心的行為，心裡忽然很能放鬆。**是啊，心靈意象裡，只要根扎夠深了，他也會是個飛翔不回頭的孩子。

註：樹四歲半。

柔軟與力量

柔軟與力量寫的是柔性男孩長出力量的生活記錄，
這背後還有，溫柔的我如何在教養中磨練出狠勁的故事。

有狠勁的媽媽

我心裡一直定義自己是個會很兇的媽媽，某次問樹我兇不兇。小男孩這樣說：「媽媽，你從來不兇的，你雖然說話很大聲，可是我看見你心裡在笑。」

展經常說，我與孩子在一起，除了溫柔、溫暖、細心關愛之外，還有……有一種東西……那東西，親職書上很少有人講，我想……連我自己，也都還沒有很懂。

那東西，表面上說：「除了溫柔與寬諒，我也是個有狠勁的媽媽。」深層的東西是什麼呢？學輔導的會說：「溫柔而堅定」。「狠勁」、「堅定」這兩個形容詞，要說的是什麼呢？我是這樣理解自己的。

旦喜歡我堅定，而不是事事跟隨她。

旦也是個有狠勁的女孩，例如，從一歲四個月開始，她堅持要自己喝湯；喝得七葷八素，全身溼透，滿地狼藉，她還是堅持要自己喝。

基於長大的理由，我支持她自己喝，我負責收拾，一句嚴苛的話也不曾有過。看她手部協調逐漸靈巧，就是最好的回報。

但是，有時候，我累了，我不想收拾與承擔，旦旦堅持時，我會用堅定的語氣，在她耳邊說：「今天不行，今天媽媽餵。」

然後，旦會溫柔地說：「好。」柔順地讓我餵她喝湯。

或者，許多次，**她哭阿嬤哭得猛爆，我會溫柔接待她，不特別積極制止她哭或思念。**

等她情緒能量宣洩夠了，我會抱起她，看著她眼睛，專注清晰地說：「旦旦，沒有了，今天晚上沒有阿嬤了，你可以哭阿嬤，但哭哭沒有用。今天晚上，你有媽媽，我會陪你抱你。」於是，小女孩會很快平靜，止住哭泣。

或者，有一次，她在婆婆家門前，汽車前座，我發動前，大哭搶門，想要出去找阿嬤，翻滾翻攪，心意堅定，就是要回頭要阿嬤抱抱。

我敞開所有的空間，不制止她，靜靜等候，只做最少的保護（防止她撞傷自己）。**我溫柔聆聽：「日日想念阿嬤，媽媽聽到了。」**

十分鐘以後，我清晰知道，我要出發回家了，於是我說：「我們要回家，一起，你、樹和我，我們一起回家；即使你哭哭，我們還是一起回家。」

小女孩忽然很安靜，柔軟地趴在我身上，安心地跟我回家。她的紛亂瞬間止息，**在我堅定的意志下，在我給出的溫暖懷抱中，她能涵容她的思念，敞開心回到我懷抱。**那天晚上，她賴在我懷裡良久，淺淺地睡著。

我沒做別的事，大約一個半小時，我就是抱著她，陪樹玩大富翁。

醒來，她看我說：「媽媽……千昕……念……阿嬤。」

我拍拍她的背，說：「媽媽知道，千昕想念阿嬤……明天再去找阿嬤玩，好嗎？」

「千昕想要多給媽媽抱抱，是嗎？」

「嗯……」小女孩有些委屈地，又趴到我身上。

我知道，**她想念阿嬤，除了阿嬤的溫柔與愛之外，她還用阿嬤來抵抗一直會離開她，消失不見的媽媽。**

因此，我知道，即使她大哭，依然堅定帶她回家的舉動，**在深層的心底，支持了她的無助，也表達了，我會照顧她的堅定。**

在我的堅持下，一個禮拜後，且恢復了與我的安全感，她可以順利從媽媽到阿嬤，再從阿嬤回到媽媽，她可以自在地，在家裡遊蕩，不需要回家時總是扒著我，她的安全感有了，自由度增加，我們也自由了。

媽媽，你管我，我就好了。

細節我已忘記，但我記得樹小時候也說過類似的話：「媽媽，你管我，我就好了。」

或是，「媽媽，你管我，我就輕鬆了。」

或是，「媽媽，我很喜歡你管我。」

那意思就是，他能感受到，我管他之後，他舒服了，他輕鬆了，他放心了，他感受到回到當兒子的小，以及安全感。

我心裡一直定義自己是個會很兇的媽媽，某次問樹我兇不兇。小男孩這樣說：「媽媽，你從來不兇的，你雖然說話很大聲，可是我看見你心裡在笑。」

樹，從小，對我的心有穿透的感受力，例如，他會說：「好啦！我收玩具，因為我聽見你心裡的聲音。」也就是，我自認很兇，大聲說話管人的時刻，樹卻看見，我的心在笑。

這真是有意思的看見！當我堅持時，當我大聲時，當我自覺很狠時，**孩子感受到，我心的敞開，以及對麻煩的接納。**也就是，**當我嘴裡說「不行！」時，樹還感受到，我的心裡說：「孩子，即使我說不行，我依然愛你。」**

「爸爸，我想要，每天都留在學校，很晚很晚，最好是最晚一個回家。」

以上是樹的心願。這需求讓展很高興，他在心裡盤算，他可以如何運用多出來的時間給自己自由。

我立刻說：「但我的看法與你不同。」我心裡也受到誘惑，多出時間，可以給自己，多好啊！但我看見，這會帶來不平衡，包含旦旦的需求，包含全家晚上的作息。於是，我找樹商量，表達我聆聽到他的需求，再次詢問，他真正要的是什麼。

他說：「我想要玩得夠，還想感覺一下，沒有人的學校是什麼樣子。」

最後，出乎我意料的，他補充：「媽媽，我說了就好，決定交給你。」

於是，這禮拜一，送他上學時，我問老師：「孩子們最晚可以留到幾點？」

我對樹說：「今天，六點半再來接你，一個禮拜只有一天，只有禮拜一喔！」

孩子很高興，他可以在學校留到很晚。

那天晚上，展問他：「當天越來越黑，同學一個一個離開，你是什麼感覺？」

（展也許預期，樹會感受到害怕或孤單。）

樹說：「我覺得學校好安靜喔！可以一個人看書，很舒服。」

我感受到，樹兒有一種深層的寧靜渴望。在一個他愛的地方，獨自享受，寧靜的閱讀。學校的圖書館，有許多家裡沒有的書呢！而好像除了超早的清晨，或極晚的黃昏，他無機會享受。我也理解，他會在清晨天還沒亮，要求我，起來陪他看書，那是一樣的需求。

樹那句：「媽媽，我說了就好，決定交給你。」一直在我心裡低迴，我感受到樹對我的愛，以及全然的信任。他在我後面，跟隨我，他可以安心當個小孩，那是他的安全感。

樹在不同階段，經常會有許多奇特的想法與需求。我所做的是認真聆聽，認真對待……認真給出空間讓他去嘗試。而很有意思的，那個階段其實很快就會過去。不到一個月，他又恢復，正常放學的孩子。

而當母親的我，卻透過這歷程，逐漸學會堅定，成為一個有狠勁的媽媽。

等你勇敢——展爸給樹

我們可以慢慢來，孩子，你可以慢慢來。
花一些時間，感受你與膽小的關係……

這是展爸給樹的信。寫在孩子四歲一個月之時，標題叫做〈兒子呀〉。

樹，你還記得嗎？昨天晚上十二點半，在台北暫時的家深夜，你玩了一天，累了，卻又戀戀不肯睡。

我摸摸你的背說：「那我說話給你聽……」（讓我把當時的話，寫給你喔……）

兒子呀……你今年四歲。在四年前，你還是天上飛飛的天使，謝謝你來到這兒，當我們家的小孩。現在你已經會走、會跳、會坐捷運啦，我還記得你六個月大，只會趴著抬頭笑的模樣。就跟小旦旦可愛貌，一個樣。

當時你是個愛哭愛笑的小孩，現在的你，也是！你常常開心，有時候很勇敢，有時候聰明、體貼，有時候，你也膽小。是啊，這些都同時是你……

中午呀，你到了誠品，不肯上樓看《甲蟲王者》的演出……我都幾乎忘了，原來，小時候的我，也很膽小、愛哭。**我知道，從膽小到勇敢，需要時間，需要更多的耐心，我會等你，等你長大。（這世界，需要多一點耐心等待我們。）**

我喜歡你勇敢。

因為，爸爸三十二歲了，好喜歡到處去冒險，日本的北海道、海邊的漁村小船、想跟日本的老頭子交朋友。如果，你勇敢起來了，那我們一起去冒險，不是很棒的一件事嗎？

我們可以慢慢來，孩子，你可以慢慢來。花一些時間，感受你與膽小的關係……那樣的生活，感覺如何呀？你什麼時候需要它啊？你想要待多久啊？

然後，昨晚當我說到這裡，你已經睡到微張小嘴的放鬆啦……
我也在想，這段長長的話，是說給你聽？還是說給我聽？
至少，作為一個愛你的年輕爸爸的我，聽見了。
有一天，當你成為年輕的爸爸了，也聽聽這樣的聲音，好嗎？

也曾經膽小的爸爸二〇〇六年五月二十七日

生氣與真實

「好，那我們倆都在生氣，現在不適合說話。現在八點五十，長針指到十二時，我再跟你說話。」

暫停法則，這是我處理兩人生氣時的習慣。

某個晚上，吃飽飯的遊戲時間，樹想騎扭扭車，他抱怨我的東西擋路，要我清理空間讓他能自由嬉戲。

我答應他，手上卻有快要睡著的旦，我不敢動，只好請展幫我忙，為樹兒理出空間。

展正在網路為我訂書，他想完成訂書程序，沒聽到樹一次次要求。我融入哄女兒睡覺的專注中，聽到樹的呼喊，我認定那是爸爸與樹的事。

忽然，樹騎著扭扭車筆直撞過來，「砰——」好大一聲，車子撞到我身前的桌子，桌子又撞到我。我嚇一跳，旦也醒來了。

「樹，媽媽不喜歡你這樣做。你嚇到我了。」我正眼凝視大聲說。

眼前的兒子也睜大眼睛看我：「因為你們都沒人理我。」

一時的氣，讓我沒聆聽他，我說：「我把整理地板的事情交給爸爸了，那是你和他的事。現在我要說的是，我和你的事。你撞到我，我要你說對不起。」

樹看我，臉上文風不動。「我不要說對不起。」他堅定。

「是因為你現在說不出來，還是因為你覺得我也對不起你？」我與他核對。

「是第二個。」孩子堅持他也有道理。

「好，那我們倆都在生氣，現在不適合說話。現在八點五十，長針指到十二時，我再跟你說話。」**暫停法則，這是我處理兩人生氣時的習慣。**

「十二不夠，我要指到六。」孩子為自己說話。

「這樣有四十分鐘，很久喔！沒關係嗎？」我提醒他。

我的印象裡，樹老忍不過十分鐘，往往不到十分鐘就會過來趴在我身上哭。

「沒關係，我可以。」男孩一副長大的樣子，一臉堅定。

「好，就這樣說定。」我也帶著豪氣說。

沒想到，五分鐘不到，樹躺在沙發上睡著了。他睡著的小臉，還有著堅定。我看他睡著，我心疼，我不太喜歡兩人沒和解就睡著。我抱他到床上，我親親他，在他耳邊說：「媽媽沒生氣了，在我心裡，我們和好了喔！」

看他漂亮可愛的模樣，我忍不住在他肚子說：「媽媽愛你。」

那天晚上，睡在爸爸身邊的樹，不停地滾過爸爸，越到我身邊，抱我。這是不常出現的狀況，我詮釋成是樹與我的和好。

半睡半醒的他，為自己心裡未完成的渴望，滾到我身邊，和好。

我喜歡，樹生氣時，依然直直看我。**我們倆，真實地面對自己的生氣，也毫不畏懼地，迎接對方的生氣。這麼真實的坦然，即使是生氣，關係依然是良好流動的。**

樹有個說話大聲，聽起來總像是生氣的阿祖。阿祖大聲要求樹時，樹常轉頭不看他。我為這情境尷尬，也知道無法多做什麼，因為無論多做什麼，都會損傷兩人此刻的本然。

他們倆無法溝通，不是沒有愛，而是兩人的本然樣貌撞上了。（我常事後與樹兒談阿祖的大聲，樹一次次表達，他對阿祖的愛，以及他不會為阿祖改變的現況。）

阿祖大聲權威慣了，他是一個大家族的長者，他連面對祖先，都是挺直背脊的。阿祖大概沒遇過這麼「不乖」的晚輩。阿祖不會軟言，他想要子孫打招呼的立場，也正得不得了。

樹還沒長大，還沒學會堅持自己又顧全大局的複雜與成熟；他還只是，練習堅持自己的聲音，探測自己力量的男孩。

被聆聽慣的他，無法聽出阿祖大聲吆喝的聲音裡，有著愛與無奈。他站直不反應，是為了護持自己立場，同時不對阿祖生氣。或者，他也不信任，阿祖聽得懂他，又或者，他自知內在的男性力量，比阿祖還小很多。

其實，四代祖孫倆的關係還滿單純的，只要旁邊的中間兩代，不急著化解，不嘗試幫忙。

我覺察自己有時想要求樹改變，**我希望樹對阿祖更積極、親切，而這要求的背後有害怕被阿祖認定為教導不周的母親，或是，背後有心疼阿祖被遺棄的落寞**。我習慣不因害怕而行動，所以每次都穩住了。

我也知道，心疼是自己的，不能要兒子為自己的心疼做改變。於是，幾次下來，我學會照顧自己的尷尬與心疼，讓他們倆自行處理。

我的智慧告訴我，樹會長大，樹的力量會更多，他會學會與阿祖真實的親密。

我的智慧告訴我，樹會長大，他也會學習禮貌，那時會多些和諧。於是，我會在一個人的時候，多多祈禱阿祖活得夠長，能等到樹長大。

我會在要去阿祖家前，認真跟樹說：「要大聲跟阿祖打招呼喔！」

「因為阿祖很重要。沒有阿祖，就沒有阿公，就沒有爸爸，就沒有你。」

「阿祖喜歡人家跟他打招呼。我們這樣做，是很重要的。」

我知道，我期許一個內外一致的真實孩兒，不曾教導他太多的禮儀和應該。我

30
40
20
10

就得一次次處理在這種情境下，自己的衝突與尷尬。

有時我會羨慕小姑的孩子，樹的表哥軒，如此甜美，有禮貌，真心的、開心的與長輩打招呼。那裡有小姑內在的真實，對父親、祖父的尊敬與愛。

而我與展，都是愛好孤獨的社交低能。樹的不機靈，真是我們倆養出的孩子。但樹上學後學會更多社會禮俗，學會很可愛的妥協。

那天到餐廳吃飯，餐廳的阿姨專程為樹倒好多次的白開水。

我要他跟阿姨說謝謝，他說：「唉呦！（吐舌頭）謝謝謝謝謝謝謝。」他皮皮地笑，皮皮地謝謝。語氣裡有他的無奈。他順從我的提醒，說了好多次表達他的「我知道了啦！」

做個真實的媽媽，我認真率直地表達自己的生氣，同時溫厚堅定地承接孩子的還擊。樹有一個很能真實生氣的媽媽，他會越來越長出足夠的力量，陪他面對未來外在世界的多元。

註：樹四歲三個多月。

要怎樣贏爸爸？

隔天我問樹，記不記得他故意撞爸爸的鼻子。

樹說：「記得，我故意的。我看阿姨打菘表弟，感覺很好。我學她的。」

「媽媽，要怎麼樣才能贏爸爸呢？你教我。」樹睜著大眼睛，鼻孔張開，定定地問我。

我凝視這雙清澈的雙眸，裡頭沒有欲望、沒有匱乏……有的是一種意志力，一種直直的堅定。

兒子需要贏爸爸，好像是千年來男性的主題。我只是沒想到，這個三歲半的兒子，如此簡明直接的詢問。他信任我，相信能從我這兒要到一個努力的方向。他心裡的能量很乾淨，沒有過多父子競爭或兒子得學會壓抑怒氣、罪惡感。

我也評估，兒子有沒有伊底帕斯情結？兒子較常與我競爭著要贏得展的注意，兒子常要的也是爸爸的陪伴……而不是要贏了爸爸然後佔有媽媽。那這兒，他說要學會贏爸爸，透露的又是什麼訊息呢？

凌晨，黎明的光進入房間時，展關了房間夜燈。

樹喊著：「為什麼要關掉？我不要。」

我說：「媽媽覺得這樣好舒服，每天都這樣的啊！」

小人兒：「我不要，我要打開。」

我說：「樹，如果你喜歡，那你去打開，媽媽不會反對的。」

小人兒安然，沒開燈就又睡著了，看起來是不在意燈關掉了。

他要的不是燈開或不開，而是一個可以表達的權力。

孩子走到一個權力需求的發展階段，生活裡許多事情的溝通協調都牽涉到他的權力意志能否被尊重與彰顯。而我，自小到大權力需求都被滿足而長大，很少與他掉入權力鬥爭裡。小人兒在我這兒，也是很順利的就找到雙方互相尊重的安穩關係。

某天睡前樹與爸爸爭著要贏得我的注意時，故意撞了爸爸的鼻子。展很痛之餘，告訴我他的傷心。在被兒子撞痛鼻子後，大男人開始默不吭聲，即使我給了他許多快樂，也難掩他男人的失望。他說，那是男人無法親近孩子的集體辛酸。

隔天我問樹，記不記得這件事情。

小男人說：「記得，我故意的。我看阿姨打菘表弟，感覺很好。我學她的。」孩子說時有一種天真者的樂觀，嚮往一個強者的世界。

我想起這一整週，展夾雜著旅遊回來要追趕的進度，開學後的新課程，還有老婆與女兒的被照顧需求。我想他每天時間都不夠用，焦頭爛額吧。

只是展爸很特別，每夜都在十一點開始陪孩子玩，用一種超級挑逗情緒的方式，讓孩子high到不行。於是孩子無法接受只玩三、五次……總是吵著要十、二十次。最後兩人會進入「要」與「不要」的拉鋸戰。結局不是小男人哭著放棄，就是大男人黯然陪玩。

這樣的日子，對身為家中女性的我，感到難以理解且有些厭煩，但兩個男人似乎還挺樂在其中的。我不禁問，那我參與其中，能負起的責任（影響力）是什麼？是大男人最近需求不滿足而轉移到與兒子權力競爭？或是小男人在平日的生活裡過少挑戰意志的遊戲，這是他的自然需求？

我覺察到自己有對權力競爭的不耐煩。那我的需求滿足嗎？我的生活是否充滿挑戰？

家人之間總是有股神祕的互動，需求的平衡流動來流動去。我肯定父子競爭在此尚屬良性範圍，這有益於孩子男子氣概與意志力的發展。但我也困擾於自己的不耐煩。雖然我也肯定權力、性、挑戰……與愛，是人性裡，重要的動力與能量。

我怎麼回應兒子？關於他想要贏爸爸的意志力？當我能安然欣賞他們倆的競爭動力，當我能在夫妻間面對我們的權力與平衡……我想，孩子自然而然，在權力議題上……有他自然的發展和學習。

放縱與忍耐

我問樹：「你很喜歡待在我們身邊，可以有想哭就哭的幸福，所以不想上學？」

樹安靜點頭。

小小一則母子對話，發生在某天早晨。

我開車送兩個孩子，旦因奶嘴掉了，唉了一聲，掙扎想撿；我穩住她：「媽媽現在開車不能照顧你，等一下停車就幫你撿。」旦就不哭了。

但後座的樹說：「媽媽，旦因為一點小事就哭，那我呢？」

我說：「旦小事沒哭，她都哭大事；是你一點小事就哭。」我主觀發出評語。

但兒子的認定不同：「我現在撞到頭什麼的，都沒哭了啊。」

我領悟到進入他世界的美好，於是我說：「是喔，樹要大痛才哭，小痛都不哭是嗎？」

孩子滿意地說是。

於是我說：「旦不會說話，所以她用哭來表達；樹變勇敢了，所以很多以前會哭的時候現在都不哭了。」

兒子說：「我在學校從來沒有哭過。」

孩子這樣我並不訝異，我說：「所以，你在學校學會忍耐？」

「對啊，我在學校都沒有哭。」

他忽然說：「媽媽我今天不想上學。」

我說：「可是你不是說喜歡星期二的小小主播嗎？」

他說：「可是今天沒有輪到我主播啊。」

我心裡有數，問：「別人在學校哭會發生什麼事？」

樹說：「老師會說：『不要用哭來解決問題。』」

我說：「你很喜歡待在我們身邊想哭就哭的幸福，所以不想上學？」他安靜點頭。

我又說：「你感覺學校要到了，想起自己又要忍耐，所以有壓力？」他安靜點頭。

我說：「老師兩個人照顧二十個小孩，所以跟爸媽不一樣，沒力氣陪你們哭！」

學校到了，老師過來開車門，他跟我說：「媽媽，不要說了。」他安靜下車。

樹上學去了，**這是一個他想起上學有壓力的早上，他正學會面對。**

樹這孩子，天生有敏感的生存焦慮。在我們面前，他知道愛無失去的威脅，所以放縱自己的負向情感表達。在學校，他仔細觀察，同學曾經遭受的待遇，謹慎地記在心裡，暗自理解。

他常問我，「為什麼老師說……」**在他說學會忍耐的故事時，我知道，孩子在學校正在培養另一種性格，而那是在家裡，我們給不出的環境。**社會眼光，社會規範，巧巧地，駐進他心底。

上週，孩子吃宵夜時，旦的麵吃光了，我跟樹要：「麵分一些給妹妹。」

樹說：「不要。」

我只好跟旦說：「旦，你的吃光了，沒了喔！」

忽然，樹問我：「什麼是自私？」

我驚訝，「你在哪裡學到的？」

他說：「我在學校圖書館看到的，有一本書叫《自私的亮亮》。」

爸爸回答：「自私就是替自己想，不替別人想，與『分享』剛好相反。」

過一會兒，樹挖了一片蝴蝶麵放到旦的碗，說：「給旦旦吃。」

我笑了：「謝謝哥哥的分享。」

樹用自己的方式，在處理「想吃」與「不想自私」的衝突。現在的他，氣度與力量都還在成長。一片蝴蝶麵，剛好是他能給的分享。他對妹妹的愛還不夠大，一片蝴蝶麵，是剛好的大小。他對我則很慷慨，即使他很想吃，也都會分我，這背後沒有道德規範的影響，比較是兩人間的相愛。

我們家，有比社會寬很多的規範。**對孩子的負向情緒，尚未完美的成熟，有很大的包容空間。**展與我，都是以家人相聚為第一目標的人生觀，所以，孩子們在家裡，比任何其他地方都來得自由活躍。

我喜歡，樹在一個有社會規範的班級，樹兒會吸收一些老師的價值觀，但因我們倆能說話，所以會再鬆開。樹會因學校的事有困惑，但因我們能討論，所以他想不通就問我，樹因此在學校時，學會了自己不是世界的中心；自己，是人群裡，安全而愉快的小分子。

洗澡時，樹說：「今天我們演戲演兩次，我都有上去。一次演高塔，一次演工人。」（洗澡的他，把雙手舉高表演高塔。）

我問：「什麼時候你會舉手說你要演？」

他說：「太難的我就沒有舉手，會演的我就舉手。」

我問：「那如果很多人也舉手，老師沒叫你，你會怎麼想？」
他說：「沒關係啊，下禮拜還有機會。」
這是很珍貴的群體互動。我很喜歡。

也許樹學會壓抑，但多了與我分享的解框概念，而我很接納這樣的他。
我珍惜樹在家裡的愛哭，那正是他平衡在學校壓抑，與珍惜被疼愛的展現。

註：樹四歲九個月。

哭泣並前進著

「媽媽，我要你幫我拿著。」

「樹，你可以自己來的。」就這樣一來一回三次，我依然堅持放手不幫忙，他就大哭起來。

那聲音宏亮如鐘，決堤般的眼淚，真是驚心動魄。

從小被我們說「哭哭沒關係」養大的樹，到三歲時已經越來越少哭了。他學會哭泣時用深呼吸很快緩和情緒，也學會用數顏色的方式，在哭泣內縮時，迅速與外界連結。

三歲生日後，我陪他玩。他從櫃子裡找出一個洞洞穿線的玩具，就是用彩色鞋帶穿過有洞洞的厚紙卡，用來鍛鍊孩子的手眼發展。

「咦？怎麼會有這個玩具？」樹好奇地問。

因為買來時他年紀太小，也就一直不曾玩過。於是我開始陪著他一個洞一個洞的練習。

一會兒，我說：「樹，換你一個人了。」本來我用手幫他拿著紙卡，他只負責穿洞的。

「媽媽，我要你幫我拿著。」

「樹，你可以自己來的。」就這樣一來一回三次，我依然堅持放手不幫忙，他就大哭起來。那聲音宏亮如鐘，決堤般的眼淚，真是驚心動魄。

他持續哭著，手也持續動著，認命般的自己一洞一線穿了起來。

即使他哭著，我仍然陪他一起玩，他一個洞，我一個洞，絲毫不被他的哭泣所動，那聲音聽起來沒有情緒，就是一種哭的需求。而讓人動容的，是他仍然不受影響地學習，穿洞的動作越來越流暢了。

我可以聽到他大哭的旋律裡有我的聲音：「好棒！」「對了！」「你又進步

了！」這樣的點綴。

約莫哭了十五分鐘，穿洞任務就快完成了。

一旁忍著笑的爸爸過來，小人兒跑過去抱著爸爸的大腿撒嬌一下，然後跑來我懷裡，把所有的鼻涕眼淚都擦在我的睡衣上。然後繼續穿線，這下他不哭了，安靜的完成魚的卡片。

後來我們問他，「剛剛在哭什麼？」

「我也不知道耶！」小人兒笑了。

那場景其實有一個隱喻圖像，一個小孩認命地在人生道路上踽踽獨行。天色有點暗，孩子噴著淚大哭，雖哭泣，卻沒有停止前進。因為有個聲音，一直指引他方向，讓他站在力量上前進。

是的，樹長大了。**我接納他的哭泣，也想支持他男孩的力量。傳統男性教育，會要孩子哭的時候不要哭，做事情就是了。我欣賞痛或脆弱時能繼續保持行動的能力，卻也想支持孩子能用哭泣表達脆弱。**於是，我們家有了這個故事。

溫柔鼓舞出勇敢

樹聽了我的鼓勵，一次次跟著我重複對自己說：「樹好棒，會保護自己。」

樹從出生到六歲，每年秋天我都會有演講季。演講放在週五，新竹的文化局演講廳。樹兩歲半那年，每週五演講結束，展會帶著樹來接我。

小人兒會騎著他的藍色傑安特三輪車滑入會場來，即使我正被一些人圍著，也能很快聞到他們的味道。於是，我會蹲下來，樹會跑來找我抱抱，然後再把我留給聽眾，去騎他的三輪車。

每次，即使十點了，我們都會留在廣場陪他騎車。某次下雨玩了踩水遊戲，於是他說這次還要踩水。

但月色明亮，地板乾爽，我指著斜坡道：「今天沒水，我們來騎車溜滑梯吧！」大意的我沒注意到坡道的陡度太大，樹卻自然避開，一點也沒有想滑下來的意思。

展跑過來示範，他說這坡道很陡，加上三輪車沒有手煞車系統，所以要用腳施力控制車速。

我搖搖頭說這難度太高，兒子還學不會。

小人兒數次騎車爬上坡道，在上頭往下看，然後就喊爸爸來！展就幫樹把車子騎下去。

我心裡浮出一個男性的聲音，那聲音說：「不要膽小！勇敢放手騎下去！」但我嘴巴自然說出：「樹好棒，會保護自己！」

那男性的聲音是誰？似乎是我心底的另一個陽剛人格。而那出口的聲音則是我熟悉的自己，非常接納孩子現況，會鼓勵孩子的女性溫柔。

樹聽了我的鼓勵，一次次跟著我重複對自己說：「樹好棒，會保護自己。」這時候展想到好辦法，他將車子放到坡道一半，「先挑戰容易的。」於是，充滿能保護自己信心的樹，放手讓車子滑下去；車速加快到底時，他放開雙腳讓車滑行，然後用兩腳順暢地煞車。

車停下來時，他說：「樹好棒，樹會用腳煞車保護自己！」他自言自語：「樹會保護自己，樹還要再騎一次。」

那瞬間我好感動！孩子長出勇敢的方式好穩健踏實。**孩子細心呵護自己，也開放承接挑戰，這其實是父母的幸福。**

而我的內在世界那溫柔女性也著實被孩子鼓勵一番！那陽剛的男性人格呢？他也微笑地欣賞著另一種勇敢的方式。

兩歲半的樹，是個女性特質偏多的男孩。我用女性的溫柔鼓舞他，他更輕鬆地就能長出男性的陽剛與力量。

【結語】

親愛的你：

這故事好像還沒結束呢！

是啊！這些故事依然現在進行式地進行著。在你的家，在他的家，在所有有孩子和父母之處；在所有愛想要流動的地方。

聆聽屬於你家的故事吧！

用慧眼和溫柔心，用帶著光的眼界觀看你們自己每日生活點滴，然後，你會找到每日的生活裡，總有幾個片刻觸動心弦，那就是值得記錄的好故事。

故事，被記錄了，就有了重溫的神奇魔力。

信任魔法的Mali

二〇〇八年六月十七日

金石堂新書免費講座訊息

主題：做孩子心中的小太陽

主講人：心理與親職教育作家　王理書

時間：二〇〇八年八月十日（星期日）下午兩點三十分

地點：金石堂信義店（台北市信義路二段196號　電話：02-23223361）

報名電話：02-27463955【免費入場，額滿為止】

AQUARIUS

寶瓶文化叢書目錄

寶瓶文化事業有限公司
地址：台北市110信義區基隆路一段180號8樓
電話：(02) 27463955
傳真：(02) 27495072 劃撥帳號：19446403
※如需掛號請另加郵資40元

Island
有詩、有小說、有散文

系列 書號	書名	作者	定價
I001	寂寞之城	文/黎煥雄 圖/幾米	NT$240
I002	倪亞達1	文/袁哲生 圖/陳弘耀	NT$199
I003	日吉祥夜吉祥——幸福上上籤	黃玄	NT$190
I004	北緯23.5 度	林文義	NT$230
I005	你那邊幾點	蔡明亮	NT$270
I006	倪亞達臉紅了	文/袁哲生 圖/陳弘耀	NT$199
I007	迷藏	許榮哲	NT$200
I008	失去夜的那一夜	何致和	NT$200
I009	河流進你深層靜脈	陳育虹	NT$270
I010	倪亞達fun暑假	文/袁哲生 圖/陳弘耀	NT$199
I011	水兵之歌	潘弘輝	NT$230
I012	夏日在他方	陳瑤華	NT$200
I013	比愛情更假	李師江	NT$220
I014	賤人	尹麗川	NT$220
I015	3號小行星	火星爺爺	NT$200
I016	無血的大戮	唐捐	NT$220
I017	神秘列車	甘耀明	NT$220
I018	上邪!	李崇建	NT$200
I019	浪——一個叛國者的人生傳奇	關愚謙	NT$360
I020	倪亞達黑白切	文/袁哲生 圖/陳弘耀	NT$199
I021	她們都挺棒的	李師江	NT$240
I022	夢@屠宰場	吳心怡	NT$200
I023	再舒服一些	尹麗川	NT$200
I024	北京夜未央	阿美	NT$200
I025	最短篇	主編/陳義芝 圖/阿推	NT$220
I026	捆綁上天堂	李修文	NT$280
I027	猴子	文/袁哲生 圖/蘇意傑	NT$200
I028	羅漢池	文/袁哲生 圖/陳弘耀	NT$200
I029	塞滿鑰匙的空房間	Wolf(臥斧)	NT$200
I030	肉	李師江	NT$220
I031	蒼蠅情書	文/陳瑤華 圖/陳弘耀	NT$200
I032	肉身蛾	高翊峰	NT$200
I033	寓言	許榮哲	NT$220
I034	虛構海洋	嚴立楷	NT$170
I035	情6p	網路6p狼	NT$230
I036	十八條小巷的戰爭遊戲	廖偉棠	NT$210
I037	畜生級男人	李師江	NT$220
I038	以美人之名	廖之韻	NT$200
I039	虛杭坦介拿查影	夏沁罕	NT$270
I040	古嘉	古嘉	NT$220
I041	索隱	陳育虹	NT$350
I042	海豚紀念日	黃小貓	NT$270
I043	雨狗空間	臥斧	NT$220
I044	長得像夏卡爾的光	李進文	NT$250

Island

有詩、有小說、有散文

系列 書號	書名	作者	定價
I045	我城	蔡逸君	NT$220
I046	靜止在——最初與最終	袁哲生	NT$350
I047	13樓的窗口	古嘉	NT$240
I048	傷疤引子	高翊峰	NT$220
I049	佛洛伊德先生的帽子	娜塔・米諾著　胡引玉譯	NT$180
I050	白色城市的憂鬱	何致和	NT$330
I051	苦天使	廖偉棠	NT$250
I052	我的異國靈魂指南	莫夏凱	NT$250
I053	台北客	李志薔	NT$220
I054	水鬼學校和失去媽媽的水獺	甘耀明	NT$250
I055	成為抒情的理由	石計生	NT$230
I056	紅X	李傻傻	NT$280
I057	戰爭魔術師	大衛・費雪著　何致和譯	NT$390
I058	好黑	謝曉虹	NT$220
I059	封城之日	郭漢辰	NT$230
I060	鴉片少年	陳南宗	NT$230
I061	隔壁的房間	龔萬輝	NT$210
I062	抓癢	陳希我	NT$350
I063	一個人生活	董成瑜著　王孟婷繪	NT$230
I064	跟我一起走	蔡逸君	NT$240
I065	奔馳在美麗的光裡	高翊峰	NT$250
I066	退稿信	安德烈・柏納編　陳榮彬譯寫	NT$280
I067	巴別塔之犬	卡洛琳・帕克斯特 著　何致和譯	NT$280
I068	被當作鬼的人	李傻傻	NT$250
I069	告別的年代	張清志	NT$230
I070	浴室	讓—菲利蒲・圖森著　孫良方・夏家珍譯	NT$220
I071	先生	讓—菲利蒲・圖森著　孫良方・夏家珍譯	NT$220
I072	照相機	讓—菲利蒲・圖森著　孫良方・夏家珍譯	NT$220
I073	馬戲團離鎮	Wolf(臥斧)　伊卡魯斯繪	NT$230
I074	屠夫男孩	派屈克・馬克白　余國芳譯	NT$300
I075	喊山	葛水平	NT$240
I076	少年邁爾斯的海	吉姆・林奇著　殷麗君譯	NT$290
I077	魅	陳育虹	NT$350
I078	人呢，聽說來了？	王祥夫	NT$240
I079	清晨校車	龔萬輝	NT$230
I080	伊甸園的鸚鵡	卡洛琳・帕克斯特著 張琰譯	NT$320
I081	做愛	讓—菲利蒲・圖森著 余中先譯	NT$230
I082	冒犯書	陳希我	NT$360
I083	冥王星早餐	派屈克・馬克白　余國芳譯	NT$230
I084	一公克的憂傷	高翊峰　漂流木馬雲童話繪	NT$260
I085	逃	讓—菲利蒲・圖森著 余中先譯	NT$230
I086	拐彎的夏天	魏微	NT$260
I087	時間箭	馬丁・艾米斯著　何致和譯	NT$260
I088	媲美貓的發情——LP小說選	黃錦樹・駱以軍主編	NT$320

系列	書號	書名	作者	定價
Island 有詩、有小說、有散文	I089	天才詩人——海子	余徐剛	NT$320
	I090	杏仁	娜吉瑪著　黃琪雯譯	NT$270
	I091	詩人與獵人——島嶼女生的非洲時光	林怡翠著　黃丁盛攝影	NT$260
	I092	一個人的微湖閘	魏微	NT$270
	I093	男孩公寓	圖．文江凌青	NT$270
	I094	黑雨將至	廖偉棠	NT$260
	I095	非典型愛情	吳仁麟	NT$270
catcher	C01	基測作文大攻略——25位作文種子老師給你的戰鬥寶典	25位作文種子老師合著／聯合報教育版策劃	NT$280
	C02	菜鳥老師和學生的交換日記	梁曙娟	NT$220
	C03	新聞中的科學——大學指考搶分大補帖	聯合報教育版企劃撰文	NT$330
	C04	給長耳兔的36封信——成長進行式	李崇建著　辜筱茜繪	NT$240
	C05	擺脫火星文——縱橫字謎	15位國中作文種子老師合著	NT$300
	C06	放手力量大	丘引	NT$240
	C07	讓孩子像天才一樣的思考	貝娜德．泰南　李弘善譯	NT$250
	C08	關鍵教養○至六	盧蘇偉	NT$260
	C09	作文找碴王	十九位國中國文菁英教師合著　聯合報教育版策劃	NT$260
	C10	新聞中的科學2——俄國間諜是怎麼死的？	聯合報教育版策劃撰文	NT$330
	C11	態度是關鍵——預約孩子的未來	盧蘇偉	NT$260
	C12	態度是關鍵II——信心決定一切	盧蘇偉	NT$270
	C13	我的資優班	游森棚教授	NT$280
	C14	正向思考，就對了	盧蘇偉	NT$270
	C15	全美最好的老師	雷夫．艾思奎斯著　李弘善譯	NT$290
	C16	愛．上課	熱血教師．阿倫	NT$280
	C17	新聞中的科學3——指考衝刺大攻略	聯合報教育版策劃撰文	NT$330
	C18	教養危機	盧蘇偉	NT$270
	C19	琴鍵上的教養課	獅子老師	NT$280
	C20	陪孩子一起長大	盧蘇偉	NT$350

系列	書號	書名	作者	定價
Enjoy 搶先給你最嗆、最in的生活資訊	E001	夏禕的上海菜	夏禕	NT$229
	E002	黑皮書——逆境中的快樂處方	時台明	NT$200
	E003	告別經痛	吳珮琪	NT$119
	E004	平胸拜拜	吳珮琪	NT$119
	E005	擺脫豬腦袋——42個讓頭腦飛躍的妙點子	于東輝	NT$200
	E006	預約富有的愛情	劉憶如	NT$190
	E007	一拍搞定——金拍銀拍完全戰勝手冊	聯合報資深財經作者群	NT$200
	E008	打造資優小富翁	蔣雅淇	NT$230
	E009	你的北京學姊	崔慈芬	NT$200
	E010	星座慾望城市	唐立淇	NT$220
	E011	目擊流行	孫正華	NT$210
	E012	八減一大於八——大肥貓的生活意見	于東輝	NT$200
	E013	都是愛情惹的禍	湯靜慈	NT$199
	E014	邱維濤的英文集中贏	邱維濤	NT$250
	E015	快樂不怕命來磨	高愛倫	NT$200
	E016	孩子，我要你比我有更有錢途	劉憶如	NT$220
	E017	一反天下無難事	于東輝	NT$200
	E018	Yes，I do——律師、醫師與教授給你的結婚企劃書	現代婦女基金會	NT$200
	E019	給過去、現在、未來的科學小飛俠	鍾志鵬	NT$250
	E020	30歲以前拯救肌膚大作戰——最Hito的藥妝保養概念	邱琬婷	NT$250
	E021	擺脫豬腦袋2	于東輝	NT$200
	E022	給過去、現在、未來的科學小飛俠（修訂版）	鍾志鵬	NT$250
	E023	36計搞定金龜婿	方穎	NT$250
	E024	我不要一個人睡！	蘇珊・夏洛斯伯 莊靖譯	NT$250
	E025	睡叫也能瘦！——不思議的蜂蜜減肥法	麥克・麥克尼等 王秀婷譯	NT$250
	E026	瘋妹不要不要仆街	我媽叫我不要理她	NT$230
	E027	跟著專家買房子	張欣民	NT$270
	E028	趙老大玩露營	趙慕嵩	NT$250
	E029	化妝品達人LESSON1——品牌沒有告訴你的事	張麗卿	NT$300
	E030	化妝品達人LESSON2——保養品和你想的不一樣	張麗卿	NT$320
	E031	鄰居太太出沒，請注意！	趙老大	NT$250
	E032	職場明星不說的成功祕密——姓名學	袁來	NT$220
	E033	嗆嗆嗆——查理阿珠站出來！	趙老大	NT$220
	E034	清純可愛的床上漫畫——西班牙人妻系列	圖・文物質女孩＋西班牙老公S	NT$230
	E035	看病的方法——醫師從未告訴你的祕密	陳皇光醫師	NT$300

Vision

給你新的視野，也給你成功的典範

書號	書名	作者	定價
V001	向前走吧	羅文嘉	NT$250
V002	要贏趁現在——總經理這麼說	邱義城	NT$250
V003	逆風飛舞	湯秀璸	NT$260
V004	失業英雄	楊基寬・顧蘊祥	NT$250
V005	19歲的總經理	邱維濤	NT$240
V006	連鎖好創業	邱義城	NT$250
V007	打進紐約上流社會的女強人	陳文敏	NT$250
V008	御風而上——嚴長壽談視野與溝通	嚴長壽	NT$250
V009	台灣之新——三個新世代的模範生	鄭運鵬、潘恆旭、王莉茗	NT$220
V010	18個酷博士@史丹佛	劉威麟、李思萱	NT$240
V011	舞動新天地——唐雅君的健身王國	唐雅君	NT$250
V012	兩岸執法先鋒——大膽西進，小心法律	沈恆德、符霜葉律師	NT$240
V013	愛情登陸計畫——兩岸婚姻A-Z	沈恆德、符霜葉律師	NT$240
V014	最後的江湖道義	洪志鵬	NT$250
V015	老虎學——賴正鎰的強者商道	賴正鎰	NT$280
V016	黑髮退休賺錢祕方——讓你年輕退休超有錢	劉憶如	NT$210
V017	不一樣的父親，A+的孩子	譚德玉	NT$260
V018	超越或失控——一個精神科醫師的管理心法	陳國華	NT$220
V019	科技老爸，野蠻兒子	洪志鵬	NT$220
V020	開店智慧王	李文龍	NT$240
V021	看見自己的天才	盧蘇偉	NT$250
V022	沒有圍牆的學校	李崇建・甘耀明	NT$230
V023	收刀入鞘	呂代豪	NT$280
V024	創業智慧王	李文龍	NT$250
V025	賞識自己	盧蘇偉	NT$240
V026	美麗新視界	陳芸英	NT$250
V027	-向有光的地方行去	蘇盈貴	NT$250
V028	-轉身——蘇盈貴的律法柔情	蘇盈貴	NT$230
V029	-老鼠起舞，大象當心	洪志鵬	NT$250
V030	-別學北極熊——創業達人的7個特質和5個觀念	劉威麟	NT$250
V031	-明日行銷——左腦攻打右腦2	吳心怡	NT$250
V032	-十一號談話室——沒有孩子「該」聽話	盧蘇偉	NT$260
V033	-菩曼仁波切——台灣第一位轉世活佛	林建成	NT$260
V034	-小牌K大牌	黃永猛	NT$250
V035	-1次開店就成功	李文龍	NT$250
V036	不只要優秀——教養與愛的27堂課	盧蘇偉	NT$260
V037	奔向那斯達克——中國簡訊第一人楊鐳的Roadshow全記錄	康橋	NT$240
V038	七千萬的工作	楊基寬	NT$200
V039	滾回火星去——解決令你抓狂的23種同事	派崔克・布瓦&傑羅姆・赫塞 林雅芬譯	NT$220
V040	行銷的真謊言與假真相——吳心怡觀點	吳心怡	NT$240
V041	內山阿嬤	劉賢妹	NT$240
V042	背著老闆的深夜MSN對談	洪志鵬	NT$250
V043	LEAP！多思特的不凡冒險 ——一段關於轉變、挑戰與夢想的旅程	喬那森・柯里翰 余國芳譯	NT$230

系列	書號	書名	作者	定價
Vision	V044	陪你去環島——一個父親送給兒子的畢業禮物	盧蘇士．盧蘇偉	NT$240
	V045	主播遇見CEO	蕭裔芬	NT$250
	V046	看見孩子的叛逆	盧蘇偉	NT$240
	V047	捧著企管書的豬老闆	坎尼斯．塔克＆凡達娜．歐曼 胡引玉譯	NT$200
	V048	移動的學校——體制外的學習天空	李崇建著	NT$280
	V049	老店翻新大作戰	好鄰居文教基金會著	NT$240
	V050	盲鬥士——柯燕姬傳奇	陳芸英	NT$250
	V051	看見男人——搞定你的老公與兒子	盧蘇偉	NT$250
	V052	一個癌症媽咪給兒子的遺書	夏學曼	NT$250
	V053	鮮活人生——小故事，妙管理	李錫津	NT$260
	V054	搶先佈局十年後——2017華人未來地圖	劉威麟	NT$250
	V055	這就是我的堅持——楊基寬與104傳奇	楊基寬．顧蘊祥	NT$250
	V056	愛會傷人——寫給父母的內心話	盧蘇偉	NT$260
	V057	囚室之春	施明德	NT$360
	V058	盲眼媽媽一顆心	薛以柔	NT$240
	V059	飛行少年——一輪千里環台挑戰	盧蘇偉．莊忠勳	NT$290
	V060	道德——幸福的必要條件	林火旺	NT$280
	V061	Money Game——金錢遊戲	吳均龐．劉永毅	NT$280
	V062	趙老大玩癌症	趙慕嵩	NT$250
	V063	所以，我愛上了狗	曹燕婷	NT$210
	V064	蔡國南的金生金飾	蔡國南．陳芸英	NT$280
	V065	三財一生——金牌教練教你同時健康、快樂又有錢	管家賢	NT$260
	V066	開一家大排長龍的店	李文龍	NT$260
	V067	醫師與生死	趙可式	NT$260
	V068	Sweet Spot——一夕爆紅網路效應	Mr.6	NT$250
	V069	勇闖職海——大學就該上手的職場祕笈	琳賽．波拉克著　黃美姝譯	NT$280
	V070	重返危機現場——愛是行動	歐晉德授權　陳芸英著	NT$280
	V071	帶著傷心前行——一個心理工作者的自我療癒故事	王理書	NT$280
	V072	上班族硬起來——31個網路上最凸的辦公室心法	Mr.6劉威麟	NT$260

給你新的視野，也給你成功的典範

系列	書號	書名	作者	定價
High 在這裡，最具話題的全都集中、最流行、最合乎潮流	H001	阿貴讓我咬一口	阿貴	NT$180
	H002	阿貴趴趴走	阿貴	NT$180
	H003	淡煙日記	淡煙	NT$220
	H004	幸福森林	林嘉翔	NT$239
	H005	小呀米大冒險	火星爺爺、谷靜仁	NT$199
	H006	滿街都是大作家	馬瑞霞	NT$170
	H007	我發誓,這是我的第一次	盧郁佳、馮光遠等	NT$170
	H008	黑的告白	圖／夏樹一　文／沈思	NT$199
	H009	誰站在那裡	圖／夏樹一　文／沈思	NT$220
	H010	黑道白皮書	洪浩唐、馮光遠等	NT$200
	H011	3顆許願的貓餅乾	圖／阿文．文／納萊	NT$299
	H012	大腳男孩	圖．文／JUN	NT$250
壹詩歌 傳統繼承與前衛造反並俱。詩與跨媒介的新浪潮，	001	壹詩歌創刊號	壹詩歌編輯群	NT$280
	002	壹詩歌創刊2號	壹詩歌編輯群	NT$280
★ Pure	P001	天使之城——阿使的孤單	流氓．阿德	NT$220
	P002	天使之城——小天的深情	李性蓁	NT$220
	P003	天堂之淚	張永智	NT$270
	P004	不倫練習生	許榮哲等	NT$200
	P005	男灣	壟丁男孩	NT$210
	P006	10個男人，11個壞	發條女	NT$220
賀賀蘇達娜	001	賀賀蘇達娜1——殺人玉	吳心怡	NT$149
	002	賀賀蘇達娜2——二十二門	吳心怡	NT$230
	003	賀賀蘇達娜3——接龍	吳心怡	NT$230
	004	賀賀蘇達娜4——瓜葛	吳心怡	NT$220
	005	賀賀蘇達娜5——喜禍	吳心怡	NT$200
	006	賀賀蘇達娜6——戰	吳心怡	NT$220
	007	賀賀蘇達娜7——弄玄虛（最終回）	吳心怡	NT$220

國家圖書館預行編目資料

做孩子心中的小太陽／王理書著. -- 初版. --
臺北市：寶瓶文化, 2008. 07
面； 公分. --(catcher；21)
ISBN 978-986-6745-35-5(平裝)

1. 親職教育 2. 子女教育

528. 2　　97011163

catcher 021

做孩子心中的小太陽

作者／王理書

發行人／張寶琴
社長兼總編輯／朱亞君
主編／張純玲
編輯／羅時清
外文主編／簡伊玲
美術主編／林慧雯
校對／張純玲・陳佩伶・余素維・王理書
業務經理／李婉婷
企劃主任／艾青荷
財務主任／歐素琪　業務專員／林裕翔
出版者／寶瓶文化事業股份有限公司
地址／台北市110信義區基隆路一段180號8樓
電話／(02)27494988　傳真／(02)27495072
郵政劃撥／19446403　寶瓶文化事業股份有限公司
印刷廠／世和印製企業有限公司
總經銷／大和書報圖書股份有限公司　電話／(02)89902588
地址／新北市五股工業區五工五路2號　傳真／(02)22997900
E-mail／aquarius@udngroup.com

法律顧問／理律法律事務所陳長文律師、蔣大中律師
如有破損或裝訂錯誤，請寄回本公司更換
著作完成日期／二〇〇八年五月
初版一刷日期／二〇〇八年七月
初版四刷+日期／二〇一五年九月十四日
ISBN／978-986-6745-35-5
定價／二七〇元

AQUARIUS 寶瓶 文化事業

愛書人卡

感謝您熱心的為我們填寫，
對您的意見，我們會認真的加以參考，
希望寶瓶文化推出的每一本書，都能得到您的肯定與永遠的支持。

系列：Catcher021　**書名：做孩子心中的小太陽**

1. 姓名：__________ 性別：□男 □女
2. 生日：_____年_____月_____日
3. 教育程度：□大學以上 □大學 □專科 □高中、高職 □高中職以下
4. 職業：__________
5. 聯絡地址：______________________________

   聯絡電話：__________ 手機：__________
6. E-mail信箱：______________________________

   □同意 □不同意 免費獲得寶瓶文化叢書訊息
7. 購買日期：____ 年 ____ 月 ____ 日
8. 您得知本書的管道：□報紙／雜誌 □電視／電台 □親友介紹 □逛書店 □網路

   □傳單／海報 □廣告 □其他
9. 您在哪裡買到本書：□書店，店名__________ □劃撥 □現場活動 □贈書

   □網路購書，網站名稱：__________ □其他__________
10. 對本書的建議：(請填代號 1. 滿意 2. 尚可 3. 再改進，請提供意見)

    內容：__________

    封面：__________

    編排：__________

    其他：__________

    綜合意見：______________________________
11. 希望我們未來出版哪一類的書籍：__________

讓文字與書寫的聲音大鳴大放

寶瓶文化事業股份有限公司

（請沿此虛線剪下）

廣　告　回　函
北區郵政管理局登記
證北台字15345號
免貼郵票

寶瓶文化事業股份有限公司　收

110台北市信義區基隆路一段180號8樓

8F,180 KEELUNG RD.,SEC.1,

TAIPEI.(110)TAIWAN R.O.C.

（請沿虛線對折後寄回，謝謝）